"十三五"职业教育国家规划教材

以成果为导向的情景式可视化创新创业训练系统

创业技能训练

（第二版）

陈 宏 刘 隽 张艳荣 编著

创新创业课程资源库

案例 ● 教案 ● 音视频 ● PPT课件 ● 电子教材
策划方案 ● 课程思政资料和图片 ● 创业计划书

扫描二维码，学习二十大主要精神

 南京大学出版社

图书在版编目（CIP）数据

创业技能训练/陈宏,刘隽,张艳荣编著.--2版
.--南京：南京大学出版社,2022.2（2022.12重印）
ISBN 978-7-305-25422-2

Ⅰ.①创… Ⅱ.①陈…②刘…③张… Ⅲ.①大学生
-创业-高等职业教育-教材 Ⅳ.①G717.38

中国版本图书馆CIP数据核字（2022）第032090号

"十三五"职业教育国家规划教材

以成果为导向的情景式可视化创新创业训练系统

创业技能训练（第二版） 陈宏 刘隽 张艳荣 编著

出 版 者	南京大学出版社	
社　　址	南京市汉口路22号	邮编：210093
出 版 人	金鑫荣	

书　　名　创业技能训练
编　　著　陈宏　刘隽　张艳荣
责任编辑　尤　佳　　　　　　　编辑热线　025-83592315

照　　排　南京新华丰制版有限公司
印　　刷　南京凯德印刷有限公司
开　　本　889×1194　1/16　印张 8　字数 259千
版　　次　2022年2月第2版　2022年12月第2次印刷
ISBN　978-7-305-25422-2
定　　价　49.00元

网　　址　http://www.njupco.com
发行热线　025-83594756　83686452
电子邮箱　press@NjupCo.com
　　　　　sales@NjupCo.com（市场部）

* 版权所有，侵权必究
* 凡购买南大版图书，如有印装质量问题，请与所购图书销售部门联系调换

"十三五"职业教育国家规划教材

以成果为导向的情景式可视化创新创业训练系统

《创业技能训练》教材编写委员会

主任委员：翟树芹

副主任委员：牛玉清　许宝利　项春宝

编委（排名不分先后）：

陈　宏	刘　隽	张艳荣	张　晶	梁芬芬	唐　磊
董帅伟	李　燕	邝　芸	卿　青	钟雪丽	林　青
钟卫民	钟雪梅	陈松燔	葛晓明	刘斯林	张晓菊
刘代军	黎海燕	陈晓业	林思斯	刘海英	陈子群

创新创业技能在提高

序

三人行，必有我师。

广东岭南职业技术学院中小企业创业与经营专业教研室是一个年龄互补、经验互补、专业互补、技能互补的教学团队，我和刘隽、张艳荣老师为了一个共同的目标：编著《创业技能训练》而努力。

我是一个外表看似年轻，其实内心更年轻的老人。我自认老人，是因为距我第一次大学毕业至今已有30年，距我2005年创办广州采纳企业管理顾问有限公司至今已有17个年头。我2013年进入岭南创业管理学院（现在管理工程学院），至今8年多的时间里，除了节假日，我几乎天天和95后、96后、97后、98后、99后，还有00后的学生们在一起，时时能感受到他们憧憬未来美好生活时散发的青春朝气和创业激情，自己的内心也变得越来越年轻。

我是一个崇尚技能的人，策划、设计、培训我都有专门训练，而且这三项技能的每一项我都有不少于10年的一线实践，这些经验和专业训练使我在从事大学生创业技能训练时得心应手。我教的多是职业技术院校的学生，技能训练对他们来说是基础，也是关键。创业技能训练最大的难点在于要将理念转换成动作：复杂的事情简单做、简单的事情重复做、重复做的事情快乐做，但真正要把创业的技能理念转换成动作，在实践时可真是比教学生操作机器、使用设备不知要难多少倍！我虽然有10多年的创业经历，也掌握多门技能，但面对没有创业和工作经验的学生来说，用企业训练员工的方式来训练学生，将使他们无所适从，也容易产生不解。

我始终相信：有困难就有方法，成功就在拐角处。我从儿童启蒙教育教材的呈现方式中得到启发，发现在情景式、可视化的场景模拟中，不仅容易理解，也能通过启发式的线索提示自主地去探索寻找，并且翻转课堂式的互动越来越多，在螺旋式循环上升的创业教学实践中，我对自己的创业教学理念越来越清晰：真正的大学创业导师不仅是老师和有丰富实战经验的企业教练身份的融合，更应该是情景式教案的设计者、生动化课堂的参与者和项目成果的促成者，而不是标准答案的制订者、理论知识的灌输者和结果对错的裁判者。这个理念不仅是我在创业技能训练中得到成果的收获和验证，也得到了越来越多的老师和创业导师的认可。

本书与我编著的《实体经营》《创新思维与创业基础》《创新创业基础》《创业综合管理》《创新创业10步法》等同属创新创业系列特色教材，《创业技能训练》分为"创业基本管理技能训练""创业运营基础技能训练""创业技能情景游戏"和"创新创业项目计划书"四个模块，既可供高校作为教材或辅助训练工具使用，也可用于企业的相关内训；既可供团队训练使用，也可供个人学习和解决问题提供思路参考使用。

本书每个模块均配有可视化思维导图树，便于学生和老师在对每个模块整体把握的基础上有的放矢地运用和演练。愿你的创新创业项目已经在路上，愿我们的创新创业技能不断在成长……

《创业技能训练》（第二版）增加了相关创业技能训练知识等内容，并于2022年11月进行再次修订，增加了党的二十大精神等学习内容（扫描本教材配套资源库网站二维码）。

感谢所有看到和使用本书的人！

陈宏

2022年于广州

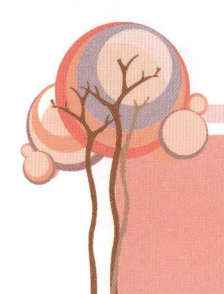

目 录
CONTENTS

第一模块：创业基本管理技能训练

《创业基本管理技能训练》思维导图树 【2】
《创业基本管理技能训练》之1：团队建立与股权设计技能 【3】
《创业基本管理技能训练》之2：创业误区管理技能 【7】
《创业基本管理技能训练》之3：产品开发管理技能 【11】
《创业基本管理技能训练》之4：产品设计管理技能 【15】
《创业基本管理技能训练》之5：获取用户管理技能 【19】
《创业基本管理技能训练》之6：用户体验管理技能 【23】

第二模块：创业运营基础技能训练

《创业运营基础技能训练》思维导图树 【28】
《创业运营基础技能训练》之1：企业运营基础技能 【29】
《创业运营基础技能训练》之2：产品运营基础技能 【33】
《创业运营基础技能训练》之3：生命周期运营基础技能 【37】
《创业运营基础技能训练》之4：财务分析基础技能 【41】
《创业运营基础技能训练》之5：店铺运营基础技能 【45】

第三模块：创业技能情景游戏

《创业技能情景游戏》之1：企业月度运营周期 【50】
《创业技能情景游戏》之2：供给与需求动态平衡 【78】

第四模块：创新创业项目计划书

《创新创业项目计划书》（十二个版块） 【110】

附记与致谢 【124】

第一模块：创业基本管理技能训练

思维导图树

① 团队建立与股权设计技能（4课时）
- 呈现方式
  - 翻转课堂图
  - 课堂任务纸
  - 角色扮演或测试
  - PPT（辅助）
  - 其他教学道具
- 知识点
  - 创业核心团队股权设计
  - 如何带创业团队
  - 影响创业团队建立的主要因素
  - 创业团队成员特点测试
- 标准授课工具
  - 《授课说明》

② 创业误区管理技能（4课时）
- 呈现方式
  - 翻转课堂图
  - 课堂任务纸
  - 角色扮演或测试
  - PPT（辅助）
  - 其他教学道具
- 知识点
  - 提升创业成功率
  - 避开创业失败坑
  - 管理误区与领导类型
  - 创业误区
- 标准授课工具
  - 《授课说明》

③ 产品开发管理技能（4课时）
- 呈现方式
  - 翻转课堂图
  - 课堂任务纸
  - 角色扮演或测试
  - PPT（辅助）
  - 其他教学道具
- 知识点
  - 产品开发规划
  - 产品机会与识别
  - 产品价值表现
  - 产品定位
- 标准授课工具
  - 《授课说明》

④ 产品设计管理技能（4课时）
- 呈现方式
  - 翻转课堂图
  - 课堂任务纸
  - 角色扮演或测试
  - PPT（辅助）
  - 其他教学道具
- 知识点
  - 产品经理容易犯的错误
  - 产品设计的实现
  - 产品功能设计
  - 产品与人性
- 标准授课工具
  - 《授课说明》

⑤ 获取用户管理技能（4课时）
- 呈现方式
  - 翻转课堂图
  - 课堂任务纸
  - 角色扮演或测试
  - PPT（辅助）
  - 其他教学道具
- 知识点
  - 获取用户的创新
  - 网络推广
  - 项目与用户
  - 如何获取用户
- 标准授课工具
  - 《授课说明》

⑥ 用户体验管理技能（4课时）
- 呈现方式
  - 翻转课堂图
  - 课堂任务纸
  - 角色扮演或测试
  - PPT（辅助）
  - 其他教学道具
- 知识点
  - 创新体验方法
  - 体验与整合营销
  - 体验管理
  - 用户体验
- 标准授课工具
  - 《授课说明》

本思维导图供老师授课前备课参考和学生学习前预习使用。

4个学时的课程可一次连上4节课，也可分为两次课上（每次2节课）。

第一模块：创业基本管理技能训练

24学时（每个学时40-45分钟）

可根据实际需要拆解学时，也可与《创业技能训练》其他模块配合使用。

 "十三五"职业教育国家规划教材

以成果为导向的情景式可视化创新创业训练系统

创新创业课程资源库

● 案例 ● 教案 ● 音视频 ● PPT课件 ● 电子教材
● 策划方案 ● 课程思政资料和图片 ● 创业计划书

扫描二维码，学习二十大主要精神

第一模块：

创业基本管理技能训练 之 1

团队建立

与股权设计技能

第一模块：创业基本管理技能训练之 1
团队建立与股权设计技能

情景式翻转课堂图

A 创业团队成员特点测试

A1　A2　A3　A4　A5　A6　A7　A8　A9

A10　A11　A12　A13　A14　A15　A16　A17　A18

A19　A20　A21　A22　A23　A24　A25　A26

B 影响创业团队建立的主要因素

企业运营　市场营销　融资 ……
团队管理　　　　　创业直接经验
工商注册　　　　　　　创业间接经验

B1 目标　B2 利益

B5 心态　B6 知识　B7 经验　B8 技术

B3 技能　B4 依存度

B9 资金

C 如何识别团队人才？
- C1 有共同意愿
- C2 能创造价值
- C3 吃得了亏
- C4 负得了责

C（右栏说明）
A1 没有创意的鹦鹉；A2 无法与人合作的荒野之狼；A3 缺乏适应力的恐龙；A4 浪费金钱的流水；A5 不愿意沟通的贝类；A6 尽职尽责的牧羊犬；A7 目标远大的鸿雁；A8 目光锐利的老鹰；A9 忍辱负重的骆驼；A10 不注重资讯汇集的白纸；A11 没有礼貌的海盗；A12 只会妒忌的孤猿；A13 不注重健康的幽灵；A14 团结合作的蚂蚁；A15 严格守时的公鸡；A16 感恩图报的山羊；A17 机智应变的猴子；A18 敢于创新的猩猩；A19 摇摆不定的墙头草；A20 过于慎重消极的岩石；A21 自我设限的家畜；A22 没有见识的井底之蛙；A23 善解人意的海豚；A24 脚踏实地的大象；A25 适应环境的变色龙；A26 勇于挑战的狮子。

D 如何带团队？

D1 带领小型团队
要冲在最前面，做好示范。
1. 我做，你看（示范）。
2. 你做，我看（辅导，纠正）。
3. 我再做，你再看（强化）。
4. 你再做，我再看（总结，优化）

D2 带领中型团队
要站在团队中间
承上启下

D3 带领大型团队
要站在后面，把握方向

E 带领团队的 8 个层次

- E1 授人以鱼　给予必须的薪资
- E2 授人以渔　教会做事的方法和思路
- E3 授人以欲　目标激发欲望
- E4 授人以愉　快乐工作收获幸福
- E5 授人以愚　做事扎实稳重
- E6 授人以遇　创造和把握机遇
- E7 授人以誉　千古传扬，万古流芳
- E8 授人以宇　参悟宇宙运行智慧

F 股东团队的股权有哪些权利？

投资收益权　表决权　管理权　所有权　选举权　转让权　优先认股权　知情权　调查权　质询权　诉讼权　剩余资产分配权

G 股权设计基本原则

人 → 钱 → 技术 → 资源 →

- 价值观要一致
- 要有绝对被认可的领导者
- 能力、资源和性格上互补
- 有价值交换的标准
- 预测未来贡献做适当股权调整

H 股权设计量化建议

- 战略股东的总份额一般不超过总股份的5%
- 资源股东的总份额一般不超过总股份的10%
- 技术股东的总份额一般不超过总股份的20%
- 核心高管的总份额一般不超过总股份的30%
- 创人及团队的总份额建议超过总股份的51%（尽量超过52%，最好超过67%）

I 几种常见的失败原始股权结构

均分型	博弈型	股权过于分散	大股东份额过重
❶ 50:50	特点：没有绝对大股东	21:19:17:...	95:3:2
	50:25:25		96:2:2
❷ 33:33:34	40:30:30	15:13:10:5	95:2:2:1
	30:25:20:15:10		

注：以上单位为百分比

大学生创业团队构建

【问题聚焦】

大学生初创团队的创建大多基于朋友、同学依靠人际关系组建而成，在学历、经历、专业、年龄上趋于统一，团队成员结构互补性不足，不能同时包括技术人才、市场人才和管理人才。同时缺少团队中的核心人物和骨干人员，很难形成有效的团队组织，更缺乏纪律性，容易导致团队缺乏核心凝聚力、稳定性和协作能力。另一方面，由于缺乏对社会实际情况的调查、研究，缺乏社阅历，大学生团队缺乏可控社会资源和潜在可用资源。因此，很多大学生初创团队走不出大学阶段，一些存在时间较长的大学生创业团队创办的小微企业，多数熬不过5个年头，一般伴随团队创业规模的不断扩大，创业团队容易产生分歧而导致分裂，除了团队成员能力与发展方向和组织要求不适应之外，更多的是源于创业团队由初期向中期的转型和团队的管理上。

【大学生创业团队组建基础】

● 大学生创业团队要有共同努力的方向，要有为共同目标而努力的具体行动纲领和准则。团队的组织者要统一团队成员的目标，并在倾听、理解的基础上予以引导、激励、调节。能否统一团队目标，在一定程度上决定了团队运作的成败。

● 对于初创团队而言，团队的核心非常重要，其核心人物的凝聚力对团队核心竞争能力的影响非常大。对于初创团队而言，确定了正确的努力方向之后，速度比完美更重要，效率比民主更重要。

● 创业团队成员要做到优势互补。一个好的创业团队，应该是一个优势互补的团队，由研发、技术、市场、融资等各方面组成的一流的合作伙伴是创业成功的法宝。团队人才的搭配还应注意个人性格与看问题角度的不同。一个团队里要有能提出建设性建议和不断发现问题的成员，这对创业团队的成长大有裨益。

● 要选择对团队有高度认同感和热情的人加入，并使所有人在团队初创期就要有每天长时间工作的准备。任何人，不管他的专业水平多么高，如果对创业的信心不足，将无法适应创业的需求。

● 要注重团队成员的持续学习力，只有不断学习，才能激发团队的创造力，才能取得长足发展。新成员要了解团队理念，拥有统一信念，进一步推出新产品和新服务，这些都要在不断学习中完成。

 情景图任务的参考答案线索和思路都隐含在情景图和任务纸中，请根据问题用手机自查资料或案例，各团队按抽签顺序上台讲解、答辩和互动。

第一模块：创业基本管理技能训练之1

《团队建立与股权设计技能》
翻转课堂情景图任务 A

参见第4页翻转课堂情景图，根据实际情况选择任务，在团队讨论基础上，成员分工合作，在任务纸或大画纸上完成。

■ **团队成员特点测试** 参见第4页情景图A，完成以下任务：
1. 在A1–A26中，你最喜欢哪一个？请阐述理由。
2. 在A1–A26中，你最不喜欢哪一个？请阐述理由。
3. 在A1–A26中，哪个最像你要测评的团队伙伴？为什么？
4. 在A1–A26中，哪个最不像你要测评的团队伙伴？为什么？

■ **影响团队建立的主要因素** 参见第4页情景图B，完成以下任务：
1. 从目标一致、利益相关两个维度对自己的团队进行评价。
2. 从技能互补、相互依存两个维度对自己的团队进行评价。
3. 在心态、知识、经验、技术和资金五个要素中，你认为哪个最重要？结合实际项目或案例进行阐述。（翻转课堂）
4. 创业需要哪些知识？自己的团队缺少技术人才怎么办？结合实际项目或案例进行阐述。（翻转课堂）

■ **如何识别团队人才？** 参见第4页情景图C，完成以下任务：
1. 从有共同意愿、创造价值两个维度对团队成员进行评估。
2. 从吃得了亏、负得了责两个维度对团队成员进行评估。

■ **如何带小团队？** 参见第4页情景图D，完成以下任务：
1. "带领小型团队要冲在最前面，做好示范。" 请结合项目实际情况或案例，谈谈对这句话的理解。
2. 带领小型团队的方法可以分解成哪几步？请结合项目实际情况或案例进行阐述。

课程思政 团队讨论：
"大众创业，万众创新" 已经成为我国一项国策，大学生创业如何与青年学子的理想、使命与担当相结合？

关于股权结构设计

股权结构设计，直接影响团队的成与败

【问题聚焦】

一些大学生创业团队认为，创业初期啥都没有，先谈股权太虚，把产品做出来最重要，而且伙伴大多是同学，即使设计股权结构，也多以平均分配为主。很多初创团队的股权结构通常由出资人根据其出资比例进行设置，这种设置在日后的运营中会存在很多问题。有的初创团队股权结构比较单一，随着市场的拓展和企业的发展，最初设定的股权结构可能引发各类矛盾。

【几种不合理的股权结构设计】

● **股权过于分散**。特点是：每个股东平均享有低额股份。这种股权设计的问题主要有：（1）容易造成股东之间相互牵制，导致股东会决策无法形成，无法对市场的变化及时做出反应，错过发展机会。（2）股东的平均低额股份，影响股东参与管理的热情度，由此导致股东对经理层监督力度下降，造成实际经营权由管理层把持的情况。（3）股东之间一旦形成矛盾，容易造成冲突，影响公司稳定运营。（4）股权过于分散，也将导致公司融资困难重重。

● **股权过于集中**。特点是：一个股东达到或超过67%的绝对控股比例。在公司初创期，股权集中有利于公司有效决策的形成，并促进公司发展。但从长远来看，股权过于集中，容易造成的问题主要有：（1）导致公司利益受损：首先，个人专断公司事务难免出现失误，一旦大股东在重大决策上决断失误，公司的利益必将受到严重损害；其次，容易导致大股东个人行为与公司行为混同，导致公司利益受损；最后，如果大股东因意外情况无法处理公司事务时，则可能出现小股东争夺控制权的情况，导致公司利益受损。（2）导致公司治理结构失衡。一股独大，导致公司董事会、监事会形同虚设，无法对股东会形成有效制约，大股东的行为，也可能因此失去控制。

● **平均分配股权**。特点是：公司的大股东之间的股权比例相等或相当接近，没有其他小股东或者其他小股东的股权比例极低。容易造成的问题主要有：（1）导致公司僵局。股东均分股权，容易因意见不合互不支持对方的提议，最终导致重大问题无法在股东会上形成有效决议。（2）平均股权的大股东意见冲突时，小股东偏向任何一方都可做出有效决策。此时，小股东实际上控制了公司。

 **温馨提示** 情景图任务的参考答案线索和思路都隐含在情景图和任务纸中，请根据问题用手机自查资料或案例，各团队按抽签顺序上台讲解、答辩和互动。

第一模块：创业基本管理技能训练之1

《团队建立与股权设计技能》
翻转课堂情景图任务 B

参见第4页翻转课堂情景图，根据实际情况选择任务，在团队讨论基础上，成员分工合作，在任务纸或大画纸上完成。

■ **如何带中团队？** 参见第4页情景图D，完成以下任务：
1. "带领中型团队要站在团队中间，承上启下。"请结合项目实际情况或案例，谈谈对这句话的理解。
2. "带领大型团队要站在团队后面，把握方向。"请结合项目实际情况或案例，谈谈对这句话的理解。

■ **带领团队的8个层次** 参见第4页情景图E，完成以下任务：
1. 带领团队有哪8个层次？结合团队或项目实际情况，看看你所在的团队现在达到了哪个层次？为什么？（翻转课堂）
2. 乔达摩·悉达多创建佛教至今已有2000多年了，这个巨型团队的管理已经达到了哪个层次？为什么至今依然有旺盛的活力？

■ **团队与股权** 参见第4页情景图F，完成以下任务：
1. 创业之初一定要工商注册公司吗？为什么？请结合实际案例阐述工作室、公司和团队的异同。（翻转课堂）
2. 股东团队的股权包括哪些权利？股权设计时必须全部权利平等，还是可以有侧重？（翻转课堂）

■ **如何进行股权设计？** 参见第4页情景图G、H，完成以下任务：
1. "股权要依据人、钱、技术、资源进行设计。"请结合实际谈谈你对这句话的理解。（翻转课堂）
2. 股权设计有哪些基本原则？
3. 股权设计有哪些量化标准？如何运用这些量化标准对你们的团队进行股权分配？如何形成正式的书面文字？（翻转课堂）

■ **如何避免股权设计误区？** 参见第4页情景图K，完成以下任务：
1. 失败的股权设计有哪些？原始股权结构量化有什么特点？
2. "管理型股东要全职进入，资金型股东要溢价进入，资源型股东要量化进入，技术型股东要考核进入，顾问型股东要拿结果进入。"请结合实际谈谈你对这句话的理解。
3. 请在真功夫、雷士照明、爱多VCD中选择一个原始股权设计失误的案例进行阐述。（翻转课堂）

"十三五"职业教育国家规划教材

以成果为导向的情景式可视化创新创业训练系统

创新创业课程资源库

案例 ● 教案 ● 音视频 ● PPT课件 ● 电子教材
策划方案 ● 课程思政资料和图片 ● 创业计划书

扫描二维码,学习二十大主要精神

第一模块:
创业基本管理技能训练 之 2

创业误区管理技能

第一模块：创业基本管理技能训练之 2
创业误区管理技能

情景式翻转课堂图

A 创业误区

- A1 兄弟式合伙，仇人式散伙
- A2 人力资源幻觉（看人严重高估或低估）
- A3 面子至上
- A4 过于追求完美并将其扩大化
- A5 社会关系万能化（社会关系至上论）
- A6 山寨大王心态（关门称王，开门掠夺）
- A7 坐山观"虎"斗（通过派系斗争玩"控制"）
- A8 赌徒式投资
- A9 当面批判潜规则 背后猛搞潜规则
- A10 评人头头是道，评己昏昏脑脑
- A11 商业迷信（不信客户 信鬼神）

B 管理最怕什么？
- B1 假
- B2 大
- B3 空

C 管理"三宗罪"
- C1 暗箱操作
- C2 抢功劳
- C3 推责任

D 管理的八种类型领导
- D1 支持型
- D2 独裁型
- D3 授权型
- D4 指挥型
- D5 放任型
- D6 教练型
- D7 劳模型
- D8 梦想型

E 避开创业失败的 12 个"坑"

战略上
- E1 不懂市场需求（失败率42%）
- E2 商业模式不可行（失败率17%）
- E3 资金链断裂（失败率29%）
- E4 过于超前 不合时机（失败率13%）

战术上
- E5 定价错误 成本太高（失败率18%）
- E6 产品力不够 产品不能持续使用（失败率17%）
- E7 法律风险太大（失败率8%）

营销上
- E8 糟糕的产品营销（失败率14%）
- E9 忽视客户（失败率14%）

团队管理上
- E10 无法做到专注（失败率13%）
- E11 创始团队或投资人不和（失败率13%）
- E12 缺少专业领域知识（失败率9%）

F 如何提升创业成功率？

- F1 商业模式清晰：可以用一句话概括
- F2 市场容量大
  市场容量 = 用户量 × 消费频次 × 客单价
  市场容量至少需要为百亿级；最好是千亿、万亿级。
- F3 市场增速大：市场增速最好 > 30%
- F4 可被商业化的用户痛点
  ① 有付费意愿 + 付费能力的用户
  ② 用户愿意为这个痛点付费
  ③ 付费单价 ≥ 市场容量预估时的"客单价"
- F5 可被商业化的解决方案
  ① 毛利率 ≥ 25% ② 员工边际产出递增
  ③ 效率 > 目前市场已有方案
  ④ 可标准化、复制化
- F6 项目已做出一定成绩（收入总额、收入结构、毛利率、利润总额、净利率）
- F7 竞争对手未形成寡头垄断
- F8 有良好现金流 或较强的融资能力
- F9 优秀团队：创始团队背景和所持资源与主业相符，核心成员与CEO有共事经历，持股比例合理。

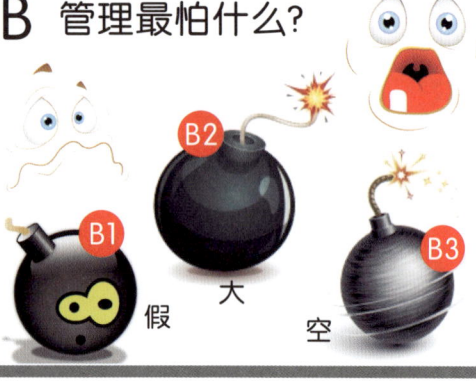

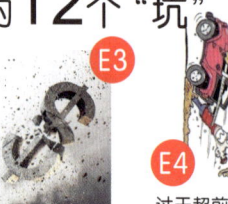

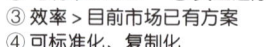
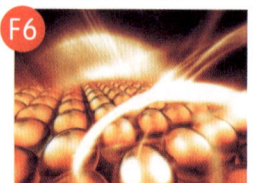

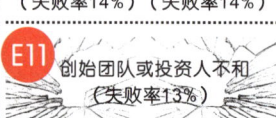
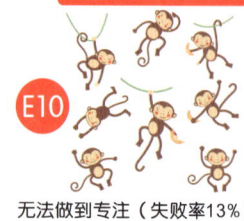

识别大学生创业相关误区

【问题聚焦】

大学生创业是一种以在校生和毕业生为创业主体的创业过程。大学生创业能提高自己的能力，增长社会实战经验，学以致用，而且一旦成功创业，不仅能实现梦想，也能通过创造价值来证明自己的价值。另一方面，大学生由于社会和实践经验不足，盲目乐观，没有充足的心理准备，在创业方面存在着种种误区和偏差，容易造成创业各种挫折，最后导致失败。

创业前，很多大学生比较注重参考成功的创业案例，心态大多是理想主义的。其实成功的背后还有更多的失败，看到成功，也看到失败，这才是看待创业的正确态度。成功的创业案例固然可以参考，但失败的创业案例对初创者来说可能更重要。在成功的创业案例中，你很难看到创业者当时最真实的状态和过程，只看到结果，因为对成功创业者而言，他讲出过去的种种心酸和委屈现在都变成了一种荣耀。对于创业失败者而言，过去种种的心酸和委屈都没有人愿意知道，正因为这样，大学生创业者更需要了解失败的原因，尽量避免再次踏进别人的创业误区，重复别人的错误。

【大学生创业的几大误区】

● **误区一：创业者受过的教育水平越高越好。** 良好的教育背景能帮助创业者站上较高的起点，但能不能创造业绩成果的关键在于创业者能否不断学习，是否有清晰的思路和方向，能不能把握时代的脉搏，与时俱进。创业者的情商比智商更重要。

● **误区二：创业者要有充足的资本。** 资金的缺乏不是创业的绝对障碍，商业的最高智慧是无中生有。没有才需要去创造，条件不够充足的时候才更有机会，等到自己具备足够的条件才决定去做，市场已经被别人抢占完了。

● **误区三：有资本就是有钱。** 通俗的理解资本就是钱，资本不足就是缺钱。其实资金的背后还隐藏着两个东西：一个是知本，一个是智本。知本（知识和发现）同样能变成钱，智慧能创造更高的价值。没有知本和智本支撑，资本就不能持续产生钱，钱再多也会挥霍和消耗掉。

● **误区四：好朋友就是好的创业伙伴。** 很多大学生创业初期喜欢迅速组队，在没有一个统一的创业目标、没有了解每个人互补优势和能力、价值观不一致的情况下，盲目地将人聚集起来。即使初期能共患难，随着创业的过程和企业的成长，就会有很多利益冲突暴露出来，导致创业者分道扬镳。

> **温馨提示** 情景图任务的参考答案线索和思路都隐含在情景图和任务纸中，请根据问题用手机自查资料或案例，各团队按抽签顺序上台讲解、答辩和互动。

第一模块：创业基本管理技能训练之2

《创业误区管理技能》
翻转课堂情景图任务 A

> 参见第8页翻转课堂情景图，根据实际情况选择任务，在团队讨论基础上，成员分工合作，在任务纸或大画纸上完成。

■ **创业误区** 参见第8页情景图A，完成以下任务：
1. 结合实际案例阐述：创业有哪些误区？（翻转课堂）
2. 结合实际项目阐述：自己团队最有可能进入的误区有哪些？为什么？（翻转课堂）

■ **管理最怕什么？** 参见第8页情景图B，完成以下任务：
1. 结合实际案例阐述：管理怕什么？为什么？
2. 结合实际项目阐述：你在团队管理中最怕什么？为什么？

■ **管理"三宗罪"** 参见第8页情景图C，完成以下任务：
1. 结合案例，谈谈团队管理中"暗箱操作"有哪些危害？
2. 结合案例，谈谈团队管理者"抢功劳"有哪些危害？
3. 结合案例，谈谈团队管理者"推责任"有哪些危害？

■ **管理的八种领导类型** 参见第8页情景图D，完成以下任务：
1. 管理的八种领导类型有哪些？
2. 在八种管理领导类型中，你认为哪些是可取的，为什么？
3. 在八种管理领导类型中，你认为哪些是不可取的，为什么？
4. 结合团队实际，谈谈自己属于什么领导类型？为什么？
5. 结合团队实际，谈谈自己团队核心成员分别属于什么领导类型？如何相互配合才能产生更好的实际领导效果？（翻转课堂）

大学生创业评估

【问题聚焦】

大学生创业之前需要对创业项目、创业技能、创业资金、社会资源、竞争对手、核心竞争力、管理能力、团队共识、人才管理、风险意识等进行判断，这十个方面的问题也是创业者可能会遇到的风险。这些风险哪些可以控制？哪些目前很难解决？哪些需要极力避免？一旦这些风险出现，该如何应对和化解？是否有能力承担并渡过难关？针对这些，创业者都需要做出认真、切实的评估。

【大学生创业需要做的一些评估】

● **评估创业项目。** 大学生创业初期要对打算进入的行业和计划展开的项目做一定的可行性研究和需求调研，收集较新的行业研究报告及相关数据，听取创业导师一些中肯的指导意见和建议。大学生创业项目多集中在软件开发、网络服务、设计摄影等方面，快餐、零售等连锁加盟店也是大学生比较青睐的项目。

● **评估专业专长和技能。** 凡是能称之为技能的东西都不是顷刻之间学会的，需要一个不断训练的过程，但大学生容易存在眼高手低的问题。一些计算机、通信技术等专业的大学生，要将在学校里学到的一些知识和技术转换成实际应用的产品也需要一个不断实践，不断积累经验的过程。真正的专长和技能就是一种能解决问题的能力。

● **评估创业资金。** 创业应提前做启动资金计划、成本预测、现金流预测等财务分析，要正确评估筹资现金流和经营现金流，多长时间能够达到经营平衡点，多长时间能够盈利，从而实现企业的正常运营。

● **评估管理风险。** 大学生知识单一、经验不足、资金不足、心理素质不高等因素，容易带来决策随意、忽视创新、急功近利、患得患失等问题，增加管理上的风险。

● **评估社会资源。** 创业资金筹集、企业创建、产品开发、市场拓展等都需要调动多方面的社会资源，企业初创阶段，社会资源比较丰富和有家族企业资源的大学生创业比较容易展开工作。

● **评估团队共识度。** 一个团队是否能形成合力，要看有多少人达成了共识。创业团队共识度评估和团队执行力评估是检测团队创业基因的两个重要指标，也是志同道合的事业基础。

 情景图任务的参考答案线索和思路都隐含在情景图和任务纸中，请根据问题用手机自查资料或案例，各团队按抽签顺序上台讲解、答辩和互动。

 第一模块：创业基本管理技能训练之2

《创业误区管理技能》
翻转课堂情景图任务 B

参见第8页翻转课堂情景图，根据实际情况选择任务，在团队讨论基础上，成员分工合作，在任务纸或大画纸上完成。

■ 如何避开创业失败的12个"坑"？参见第8页情景图E，完成以下任务：

1. 导致创业失败的12个"坑"主要分布在哪几方面？
2. 在创业失败的12个"坑"中，失败率较高的前三名是哪些？结合案例进行阐述。（翻转课堂）
3. 战略上造成创业失败的原因有哪些？结合案例进行阐述。
4. 战术上造成创业失败的原因有哪些？结合案例进行阐述。
5. 营销上造成创业失败的原因有哪些？结合案例进行阐述。
6. 团队管理上造成创业失败的原因有哪些？阐述2-3个案例。

■ 如何提升创业成功率？参见第8页情景图F，完成以下任务：

1. 哪些方法可以帮助提高创业成功率？
2. 在以上帮助提高创业成功率的方法中，你认为排名前三位的分别是什么？为什么？请结合案例或实际情况进行阐述。
3. 请用一句话描述你的项目的商业模式和项目痛点是什么？
4. 用市场容量计算公式描述一下创业项目的市场容量有多大？
5. 简单评价一下自己项目的现金流状况和融资情况。

课程思政 团队讨论：
创业技能训练中，大学生如何实现理论与实践相结合？

"十三五"职业教育国家规划教材

以成果为导向的情景式可视化创新创业训练系统

第一模块：
创业基本管理技能训练 之3

创新创业课程资源库

● 案例　● 教案　● 音视频　● PPT课件　● 电子教材
● 策划方案　● 课程思政资料和图片　● 创业计划书

扫描二维码，学习二十大主要精神

产品开发
管理技能

第一模块：创业基本管理技能训练之 3
产品开发管理技能

•情景式翻转课堂图•

A 产品定位

- **A1** 什么行业、什么类型的产品
- **A2** 目标用户群是谁
- **A3** 解决用户什么问题（痛点，强、中、弱）
- **A4** 给用户带来什么价值或是给用户带来什么利益（好处）
- **A5** 产品定位的价值如何表现
- **A6** 产品与竞争对手的差异化在哪里
- **A7** 如何匹配、强化产品与用户心智模式的连接

B 产品定位的价值表现

- **B1** 如何一句话清楚表达产品？
- **B2** 评估需求级别
- **B3** 预测产品活跃度
  - 是否好值
  - 是否好用
  - 是否好玩

C 用户需求驱动产品决策

需求大小	需求过程	需求一致性
●大需求，决策做 ●小需求谨慎决策或不做	找→选→用(买) ●全过程满足决策去做 ●不能全过程满足谨慎决策或不做	●用户需求一致决策去做 ●用户需求不一致谨慎决策或不做

- **C1** 小众粉丝需求是大需求还是小需求
- **C2**
- **C3** 什么是需求一致性

D 产品竞争力

- **D1** 对粉丝用户需求的不断满足
- **D2** 加强超出产品边界需求全过程的满足

E 好产品不是因为功能多

- **E1** 新产品需求与企业能力一致
- **E2** 新功能需求与产品功能主线一致，容易成功

F 产品机会识别与判断

竞争对手产品分析与判断
- 产品商业模式
- 产品战略与规划
- 功能
- 内容
- 推广
- 壁垒
- 用户体验

- **F1** 产品有没有机会
- **F2** 机会有多大
- **F3** 机会好不好
- **F4** 为什么能抓住这个机会
- **F5** 抓住机会的目标是什么

G 如何做产品开发规划？

- **G1** 市场调研
- **G2** 用户访谈
  - 当面访谈
  - 网络访谈
  - 电话访谈
  - 微信 QQ 邮件
- 调查问卷
- 可用性测试
- 数据分析
- **G3** 需求分析：挖掘用户真实需求
- 需求采集
- 需求提炼
- 用户分级：普通用户、目标用户、粉丝用户
- 需求过滤 需求汇总
- 需求排序（按强弱程度）
- 描述用户需求：需求文档、用户画像、用户故事

目标市场定位与产品定位

【问题聚焦】

目标市场定位与产品定位是有区别的。目标市场定位是指企业对目标消费者和目标消费者市场的判断和选择；产品定位是指企业对应用什么样的产品来满足目标消费者和目标市场的需求。从逻辑关系上来讲，应该先进行目标市场定位，然后才进行产品定位。产品定位是将对目标市场的选择与企业产品结合的一个决策过程，也是将市场定位企业化、产品化的一项工作。

目标市场定位与产品定位之间的关系是：产品定位的计划和实施以市场定位为基础，在目标消费心智中为产品创造一定的特色、赋予一定的形象，以满足目标消费者的需求和偏好。

【产品定位三问】

● 第一问：产品要在目标市场上取得多少的市场份额？
● 第二问：产品要在市场竞争中的获得怎样的市场位置？
● 第三问：产品在市场营销中的年销售额目标和利润率如何？

【产品定位的一些方法】

● 差异定位法。开发和销售的产品与竞争对手相比，有什么显著的差异性？产品的差异性不只是在于其产品，也可扩及服务。

● 利益定位法。在零售业当中，最重要的消费者利益，主要体现在产品品质、价格、服务及购买地点等几个方面。利益定位就是把产品的好处量化出来：顾客购买这种产品之后，能够带来多少快乐？减少多少痛苦？减少多少麻烦？提高多少效率？……

● 关系定位法。当产品没有明显差异，竞争对手之间产品非常类似时，采用关系定位法非常有效：利用形象及感性广告手法，成功地为产品进行定位，如：农夫山泉–有点甜，百岁山-水中贵族。

● 问题定位法。即对行业内的问题进行定位，为产品建立市场地位。问题定位法是针对消费者面临的共同问题加以定位的方法，一般只有在产品的差异性并不重要或不明显，而且竞争者少之又少的情况下，才会采用问题定位法。问题定位法一般用于国家垄断行业，石油、电力、铁路、烟草等。

● 分类定位法。分类定位法主要适用于计划推向市场的新产品，当该新产品不能在市场同类产品中占有领先的位置时，可以细分出一个新的产品类别，比如淡啤酒和一般高热量啤酒的竞争，就是采用这种定位方法的典型例子。

 情景图任务的参考答案线索和思路都隐含在情景图和任务纸中，请根据问题用手机自查资料或案例，各团队按抽签顺序上台讲解、答辩和互动。

第一模块：创业基本管理技能训练之3

《产品开发管理技能》
翻转课堂情景图任务 A

参见第12页翻转课堂情景图，根据实际情况选择任务，在团队讨论基础上，成员分工合作，在任务纸或大画纸上完成。

■ **产品定位** 参见第12页情景图A，完成以下任务：
1. 你的项目团队开发的产品是什么？属于哪个行业？是什么类型的产品？
2. 你的项目团队开发的产品的目标用户是谁？
3. 你的项目团队开发的产品为用户解决什么问题？
4. 你的项目团队开发的产品能给用户带来什么好处？
5. 你的项目团队开发的产品与竞争对手的产品有哪些不同？差异化最大的地方在哪里？
6. 你的项目团队开发的产品如何进入用户的心里和脑里（心智模式）？如何让你认为的产品和用户认为的产品能够直接对应？

■ **产品定位的价值表现** 参见第12页情景图B，完成以下任务：
1. 如何用一句话清楚地表达你的项目团队开发的产品？
2. 你的项目团队开发的产品有做需求评估吗？是如何做需求评估的？如果还没有做，将如何着手去做产品需求评估？
3. 你的项目团队开发的产品对用户而言是否值得购买？值得买的地方在哪里？
4. 你的项目团队开发的产品对用户而言是否好用？好用的地方在哪里？
5. 你的项目团队开发的产品对用户而言是否好玩？好玩的地方在哪里？

■ **用户需求驱动产品决策** 参见第12页情景图C，完成以下任务：
1. 用户需求驱动产品决策有哪三个基本条件？
2. 你的项目团队开发的产品是部分满足需求的全过程还是全部满足需求的全过程？简单描述一下是如何做到的？

如何做产品规划？

【问题聚焦】

产品规划是以市场环境、用户需求、公司战略、竞争状态、产品目标为基础，设计制定出可以满足用户和市场需求、具备行业竞争力、达成公司战略目标和产品目标方向的整体解决方案。

做产品规划要具备终局思维，要能看透一件事情的本质，看到事情最后的"终局"。产品规划要基于终局结果去规划设计，从而才能明确方向：朝着"终局"前进。"终局"并不是指事情真正的结局，而是通过分析，确定产品的发展方向。产品规划要能成为产品开发、生产和推广过程中的指路明灯，让实施过程有计划地进行，从而比较从容面对未知的变化和困难。

【产品规划主要步骤】

● 第一步：梳理产品现状。在梳理产品现状的前提下，整理出产品基本面，并初步构建出产品体系。这个过程是从模糊到具体、从主干到枝叶和枝叶不断细化的过程。进行产品现状梳理的关键性手段有两大类：一类是定量，通过数据分析，了解产品基本面、关键指标的表现，透过现象看本质；一类是定性，通过用户访谈，了解产品现状，找到关键的方向。

● 第二步：根据用户需求设计用户场景。用户需求是产品的内核，是塑造产品价值的出发点。用户场景和需求是持续变化的，随着场景和需求的不断变化，产品也在顺应需求的变化中不断迭代。

● 第三步：要从行业视角，研究行业变化。行业的视角分为两个方面：一方面要对同赛道产品足够熟悉；另一方面要关注同类产品变化，发现产品新线索和新模式。

● 第四步：要从业务方向上研究行业产品。互联网时代，产品要能实现上游和下游的衔接。例如教育行业里，不仅要知道学生和家长的痛点，还要看上游业务思路和方向，紧密围绕业务方的主航道，及时获取、消化自上而下的战略思考和顶层设计。

● 第五步：整合所有信息，总结问题。这一步是综合收敛过程，把所有信息整合一起，提炼要解决的重大核心问题，问题就是切入点，问题出来了，要在问题中找产品开发目标。

● 第六步：制定里程碑计划。前面五步都聚焦在一个关键点：找目标。制定里程碑计划的关键点是找路径。里程碑的意义，让团队有目标感、节奏感，知道在什么时间点，达成什么目标。计划要做的所有事，最后要能形成MVP（最简化可行产品）。MVP是交付一个可用的最小功能集合的产品，能满足用户基本需求，虽然不完善但至少可用，逐次迭代，直至做出完全满足用户需求的产品。

> **温馨提示** 情景图任务的参考答案线索和思路都隐含在情景图和任务纸中，请根据问题用手机自查资料或案例，各团队按抽签顺序上台讲解、答辩和互动。

第一模块：创业基本管理技能训练之3

《产品开发管理技能》
翻转课堂情景图任务 B

> 参见第12页翻转课堂情景图，根据实际情况选择任务，在团队讨论基础上，成员分工合作，在任务纸或大画纸上完成。

■ **产品竞争力** 参见第12页情景图D和E，完成以下任务：
1. 形成产品竞争力需要哪三个基本条件？
2. 什么是超出产品边界的需求？
3. 什么是需求一致性？

■ **产品机会与识别** 参见第12页情景图F，完成以下任务：
1. 评估一下你所在项目团队开发的产品有没有机会？写出相关依据。
2. 从竞争对手产品的机会要素角度，评估一下你所在项目团队开发的产品机会有多大？
3. 评估一下你所在项目团队开发产品的机会好不好？写出相关依据。
4. 你所在项目团队开发的产品能不能抓住市场机会？写出相关依据。
5. 你所在的项目团队开发的产品为抓住市场机会而设定的要实现的目标有哪些？

■ **如何做产品规划？** 参见第12页情景图G，完成以下任务：
1. 你所在项目团队开发的产品如何做市场调研？
2. 你所在项目团队开发的产品用户有哪些？请描述用户需求。
3. 采集用户需求的访谈有哪些途径？你所在项目团队开发的产品最适合的途径是哪个？为什么？
4. 你所在项目团队开发的产品如何做需求分析？如何从需求分析中挖掘出用户真实的需求？

"十三五"职业教育国家规划教材

以成果为导向的情景式可视化创新创业训练系统

创新创业课程资源库

案例 ● 教案 ● 音视频 ● PPT课件 ● 电子教材
策划方案 ● 课程思政资料和图片 ● 创业计划书

扫描二维码，学习二十大主要精神

第一模块：

创业基本管理技能训练 之 4

产品设计管理技能

第一模块：创业基本管理技能训练之 4
产品设计管理技能

• 情景式翻转课堂图 •

A 产品设计要迎合人性

- A1 彰显存在感
- A2 有趣
- A3 满足好奇心
- A4 逃避恐惧
- A5 爱美
- A6 贪心、贪婪
- A7 懒惰
- A8 争强好胜
- A9 追求高价值
- A10 追求快乐

B 产品功能设计（以手表为例）

- B1 体现基础功能
- B2 抓住核心功能：防震、语音音乐、防水、定位、健康管理、精准、人工智能
- 产品功能设计的核心是抓住核心功能，核心功能是产品立身之本
- B3 突出关键因素：身份、地位、保值、设计（经典/简约/时尚）、生产工艺、材质

C 产品设计如何实现？

商业逻辑 →
- 需求：能从各种用户反馈中，分析并挖掘出用户的本质需求，能将本质需求落到产品方案中。
- 人群：目标消费者、目标市场
- 场景：用户在何时、何地、做什么，也就是站在用户角度看问题。

PM 产品经理：用户思维、迭代思维
技术、研发、费用、功能、呈现、效果、关键因素、交互设计、原型产品、市场、用户体验、推广、优化

D 产品设计方法参考

- D1 一仿
- D2 二改
- D3 三研
- D4 四创

E 产品经理容易犯的错误

- E1 忽视产品的隐性特性
- E2 自己猜测用户的需求
- E3 不注重积累口碑
- E4 对核心功能/性能关注不够
- E5 把多当好
- E6 排斥内部竞争
- E7 把产品发布当作成功

F 产品设计演练（以滤水器产品为例）

家用过滤净水器
1. 安装不方便，使用时不能随意移动。
2. 体积较大，占地方。
3. 价格比较高，购买前考虑过程比较长。
4. 需要专业人士维护，换滤芯比较麻烦。
5. 必须和水龙头衔接。
6. 水质净化程度比较高

家用过滤净水壶
1. 造型美观（防尘盖、未过滤水水槽、弧形把手、滤芯卡槽、过滤水水槽）
2. 无需安装，可以随意移动。
3. 体积比较小，不占地方。
4. 价格较便宜，容易做出购买决定。
5. 无需专业人士维护，换滤芯方便。
6. 无需和水龙头衔接，可自行装水。
7. 水质净化程度感觉上没有那么高。

产品设计导入

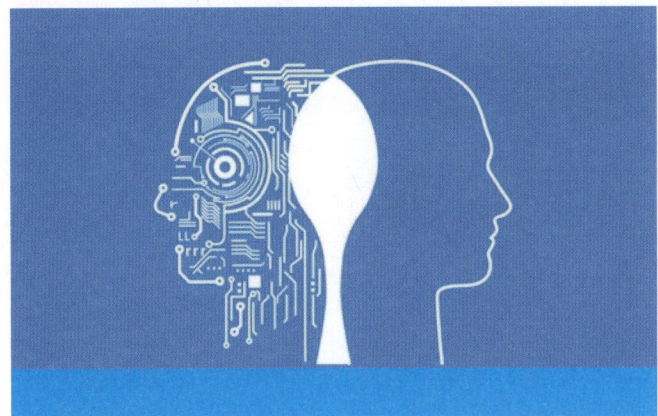

【问题聚焦】

产品设计阶段要全面确定整个产品策略、外观、结构、功能，从而确定整个生产系统的布局，因此，产品设计具有"牵一发而动全局"的重要意义。好的产品设计，不仅体现功能上的优越性，而且便于制造，生产成本低，从而使产品的综合竞争力得以增强。

产品设计的主要种类有：新产品自行设计；外来样品实物测绘仿制；外来图纸设计；老产品的改进设计。

【产品设计基本原则】

● 创新原则。以新设计塑造新产品，满足人们求新求异、与众不同的消费心理，用新颖的产品满足目标消费者需求。

● 美观原则。通过产品设计创造美的产品，使产品更能吸引目标消费者，从而使产品附加值得到提升，产品市场竞争力得到增强。

● 可行原则。在现实条件下，不仅要使产品能够制造、符合成型工艺、材料使用可行，还要保证产品安装、包装与运输、维修与报废回收可行。

● 合理原则。包括产品设计定位的合理、产品功能的合理、产品档次的合理、产品识别的合理、产品使用的合理等。

● 经济原则。产品设计直接决定了产品生产成本的高低，产品设计不仅要考虑产品生产成本，还要与产品造型效果、产品品质、产品性能等达到最优匹配。

● 环保原则。产品设计不仅要考虑到制造过程中损耗、排污等问题，还要考虑产品能否回收用于再生资源。

【新产品开发的几个阶段】

● 新产品开发是指企业从事新产品的研究、试制、投产，以更新或扩大产品品种的过程。

● 一个完整的新产品开发过程要经历八个阶段：（1）创意产生（对新产品进行设想或创意的过程）；（2）创意筛选（采用适当的评价系统和评价方法，对各种创意进行分析、比较、挑选）；（3）产品概念发展和测试（描述出产品的性能、用途、外形、优点以及提供给消费者的利益等）；（4）制定营销计划；（5）商业分析（对产品成本、销售量、利润等方面进行财务分析）；（6）产品实体开发（设计、试制、测试和鉴定）；（7）产品试销（投放到有代表性的小范围目标市场）；（8）产品正式上市和推广。

温馨提示：情景图任务的参考答案线索和思路都隐含在情景图和任务纸中，请根据问题用手机自查资料或案例，各团队按抽签顺序上台讲解、答辩和互动。

第一模块：创业基本管理技能训练之4

《产品设计管理技能》
翻转课堂情景图任务 A

参见第16页翻转课堂情景图，根据实际情况选择任务，在团队讨论基础上，成员分工合作，在任务纸或大画纸上完成。

■ **产品如何迎合人性？** 参见第16页情景图A，完成以下任务：
1. 列举"彰显存在感觉"的产品，并翻转课堂。
2. 列举"有趣"的产品，并翻转课堂。
3. 列举"满足好奇心"的产品，并翻转课堂。
4. 列举迎合人性中"逃避恐惧"心理的产品，并翻转课堂。
5. 列举迎合人性中"爱美"心理的产品，并翻转课堂。
6. 列举迎合人性中"贪心、贪婪"心理的产品，并翻转课堂。
7. 列举迎合人性中"懒惰"心理的产品，并翻转课堂。
8. 列举迎合人性中"争强好胜"心理的产品，并翻转课堂。
9. 列举迎合人性中"追求高价值"心理的产品，并翻转课堂。
10. 列举迎合人性中"追求快乐"心理的产品，并翻转课堂。

■ **产品功能设计** 参见第16页情景图B，完成以下任务：
1. 你的项目团队设计的产品是什么？产品基本功能是什么？
2. 你的项目团队设计的产品的核心功能是什么？请列举出来，并进行阐述。
3. 产品设计中突显关键因素的方法有哪些？请列举出来，并进行阐述。
4. 你的项目团队设计的产品要突出的关键因素是什么？要突出的关键因素是否有资源支撑？请举例阐述。

课程思政 团队讨论：为什么说创业属民生工程？

产品设计的一般流程与方法

【问题聚焦】

在产品设计工作流程的组织系统中，各项工作之间的逻辑关系，是一种动态关系。了解和理解产品设计工作流程，可以全面掌握实际工作活动，消除产品设计工作中冗余的工作环节，使整个团队工作流程更为经济、合理和简便，从而大大提高工作效率。

产品设计需要规范流程。规范流程本身并不是要求花费大量时间做调研、收集数据，或者花大量时间去研究用户画像，然后去输出原型。规范产品设计流程是为了更有效地将产品设计每一项工作细节事先考虑、安排，避免后期因为之前的考虑不周，不断去试错。反复修正会导致更多不必要的人力和时间成本的浪费。

【产品设计一般流程与方法】

● 第一步：设计准备。企业提出产品设计要求，设计师接受任务，制定设计方案和计划（产品设计所需要的经费、人员、场地、生产途径、时间和多种雏形图样等）。

● 第二步：市场调研。市场调研有三个内容：市场调研的目的、市场调研的内容、市场调研的方法。其中市场调研的内容与产品设计有密切关联。

● 第三步：设计定位、创意草图。要通过市场调研对产品设计进行定位（包括高、中、低档的定位），要根据产品定位进行产品构思，画出相应的草图，供讨论。

● 第四步：绘制产品设计效果图。手绘效果草图或用电脑设计软件绘制效果图，经多次讨论、修改，最终确定产品效果图作为产品设计的依据。

● 第五步：进行产品结构设计。产品设计尺寸的精确标注、加工工艺的技术要求、产品材料的选用等都要在产品结构设计中完成。

● 第六步：产品模型制作。按照产品结构设计图的要求采购原材料，进行零部件的加工和组装调试，最后生产出产品模型。

● 第七步：进行产品性能测试。产品样机要按国家制定的行业标准，进行一系列的性能测试。如小家电要做电源绝缘性测试等。

● 第八步：产品批次生产。经过样机性能试验后，产品要求达到一定的合格率，才能正式投入批次批量生产。

 情景图任务的参考答案线索和思路都隐含在情景图和任务纸中，请根据问题用手机自查资料或案例，各团队按抽签顺序上台讲解、答辩和互动。

第一模块：创业基本管理技能训练之4

《产品设计管理技能》
翻转课堂情景图任务 B

参见第16页翻转课堂情景图，根据实际情况选择任务，在团队讨论基础上，成员分工合作，在任务纸或大画纸上完成。

■ 产品如何迎合人性　参见第16页情景图C，完成以下任务：
1. 结合实际案例阐述：产品经理是否可有可无？产品经理在产品设计的实现过程中发挥着哪些作用？
2. 结合你所在项目团队的产品阐述：你们产品的商业逻辑是什么？它同产品需求、人群、场景有什么关联性？
3. 结合实际案例阐述：为什么说用户思维和迭代思维是产品经理必须具备的思维方式？
4. 结合实际案例阐述：产品经理在产品实现过程中要解决哪些重要问题？

■ 产品设计方法　参见第16页情景图D，完成以下任务：
1. 中国有一家企业擅长"仿"别人的产品，但"仿"得比原创还好，请简单描述一下这家企业的创业故事。
2. 结合实际案例阐述："一仿、二改、三研、四创"的方法如何应用到产品设计当中去？

■ 产品经理容易犯的几个错误　参见第16页情景图E，完成任务：
1. 列举一个产品经理"忽视产品隐形特性"的案例。
2. 列举一个产品经理"自己猜测用户需求"的案例。
3. 列举一个产品经理"不注重积累口碑"的案例。
4. 列举一个产品经理"对产品核心功能/性能关注不够"的案例，并翻转课堂。
5. 列举一个产品经理"把功能多当产品好"的案例。
6. 列举一个产品经理"排斥内部竞争"的案例。
7. 列举一个产品经理"把产品发布当作成功"的案例。

■ 产品设计演练　参见第16页情景图F，完成以下任务：
1. 你的项目团队设计的产品主要竞争对手是谁？如何从竞争对手的产品设计弱点中找机会？
2. 在过去相当长的时间里，占据家庭厨房的净水产品是家用过滤净水器，但家用过滤净水壶出现以后，迅速进入千家万户。与家用过滤净水器相比，家用过滤净水壶在产品设计上有什么特点？

"十三五"职业教育国家规划教材

以成果为导向的情景式可视化创新创业训练系统

创新创业课程资源库

案例 ● 教案 ● 音视频 ● PPT课件 ● 电子教材
策划方案 ● 课程思政资料和图片 ● 创业计划书

扫描二维码,学习二十大主要精神

第一模块:
创业基本管理技能训练 之 5

获取用户管理技能

第一模块：创业基本管理技能训练之 5
获取用户管理技能

情景式翻转课堂图

A 获取用户的途径与方法

- A1 寻求资金合作
- A2 追名人（明星效应）
- A3 掌握话语权
- A4 善借物
- A5 软植入
- A6 打组合拳
- A7 抢入口
- A8 常宣传
- A9 发散式传播
- A10 饥饿营销
- A11 信息分析
- A12 关注论坛
- A13 勤创意

B 网络推广工具

- B1 应用商店
- B2 导航栏
- B3 广告联盟
- B4 QQ群或微信群推广
- B5 百科推广
- B6 问答推广
- B7 威客推广
- B8 网络视频推广
- B9 网络图片推广

C 项目类别与网络用户

- C1 广告类（注重内容和创意）用户数×活跃度=广告容量
- C2 游戏类 用户数×ARPU=付费收入
- C3 电商类 用户数×客单价=销售收入

D 网络推广形式

- 软文发布 ● 电子邮件、周刊推送
- 频道（栏目）冠名 ● 商务会展直播
- 企业访谈 ● 专题制作推广 ● 广告投放

E 网络用户分类

- DAU 日活跃用户
- AU 活跃用户 Active User
- WAU 周活跃用户
- MAU 月活跃用户
- PU 付费用户 Paying User
- APA 活跃付费用户数（Active Payment Account）
- ARPU（Average Revenue Per User）平均每用户收入
- ARPPU 平均每付费用户收入

F 商业模式思维转换与用户获取的创新

F1 过去的"商业模式"是：羊毛出在羊身上，所以在羊身上可以直接找到答案。

F2 现在的"商业模式"是：羊毛出在牛身上，猪来买单。如果你偏要去羊身上纠结，能找到答案吗？

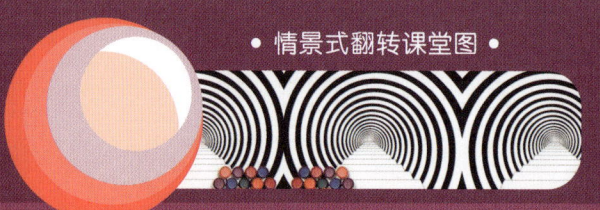

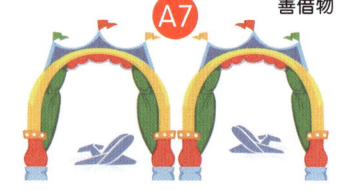

如何获取用户？

第一模块：创业基本管理技能训练之 5

《获取用户管理技能》
翻转课堂情景图任务 A

参见第20页翻转课堂情景图，根据实际情况选择任务，在团队讨论基础上，成员分工合作，在任务纸或大画纸上完成。

■ 获取用户的途径与方法　参见第20页情景图A，完成以下任务：
1. 列举"寻求资金合作"获取用户的案例，并翻转课堂。
2. 列举"追名人"获取用户的案例，并翻转课堂。
3. 列举通过"掌握话语权"获取用户的案例，并翻转课堂。
4. 列举"借物"或"借力"获取用户的案例，并翻转课堂。
5. 列举"软植入"获取用户的案例，并翻转课堂。
6. 列举"打组合拳"获取用户的案例，并翻转课堂。
7. 列举"抢入口"获取用户的案例，并翻转课堂。
8. 列举"常宣传"获取用户的案例，并翻转课堂。
9. 列举用"发散式传播"获取用户的案例，并翻转课堂。
10. 列举用"饥饿营销"获取用户的案例，并翻转课堂。
11. 列举"信息分析"获取用户的案例，并翻转课堂。
12. 列举"关注论坛和勤创意"获取用户的案例，并翻转课堂。

【问题聚焦】
　　经营一个没有用户的产品和服务是很失败的。产品和服务，无论哪个都离不开用户，没有用户，再精致的产品或服务都是没有意义的，投入再多，也不会有产出。
　　在互联网运营中，有一个"拉新"的概念，就是拉来新用户，使新用户增加。对用户增长的需求，是公司运营的核心目标。

【如何通过多种途径和方法获取用户？】
● 软广告。在广告投放中，硬广告已经不容易打动人心了，有可能还会带来反抗心理。适量软广告的投放能精准触达用户。
● 大众媒体。大众媒体就是通过报纸、杂志和电视等传统媒介来进行相应的推广和曝光，从而获得用户的增长。
● 创意运营。有创意的、新奇的、好玩的东西是乐于被用户所接受的，善于运用这个技巧，能够引起用户的注意。
● 互联网营销。好好利用互联网这个"工具"，如搜索引擎。
● 线上线下推广。线上利用好各个互联网平台，同时做好线下的全场景运营。
● 搜索优化。搜索引擎优化，将想要展现的关键词，在用户搜索下顺利展现而且排名前列。
● 内容营销。通过优质的内容来吸引新用户，内容营销是产品连接用户的桥梁。
● 日常推送。持续的输出和维护，维护好现有用户的同时开拓新的用户。
● 病毒裂变。鼓励用户引荐其他人，增加用户数量。
● 营销工具。互联网时代要善用各种有效的营销工具推广产品。
● 商务拓展。建立商务拓展渠道，用户可能成为事业合伙人。
● 主动推销。直接主动完成推销过程，实现新用户的开拓。
● 分销代理。采用一些运营策略，了解分销渠道，实现产品和服务的分销。
● 挖掘流量。专注已经很成熟的平台，深入挖掘流量用户。
● 跨界合作。资源整合，跨界进行合作。
● 开展活动。通过策划、推广和运营，吸引更多的用户。
● 探索新模式。路演、采访等一些模式，接触到更多的用户。
● 社群运营。建立一个有效的、活跃的社群，挖掘和开拓更多的用户资源。

■ 网络推广工具　参见第20页情景图B，完成任务：
1. 你所在团队的项目如何利用"应用商店"在互联网上进行推广来获取用户？
2. 你所在团队的项目如何利用"导航栏"在互联网上进行推广来获取用户？
3. 你所在团队的项目如何利用"广告联盟"进行网络推广获取用户？
4. 你所在团队的项目如何利用"QQ群或微信群"进行网络推广获取用户？
5. 你所在团队的项目如何利用"百科推广"获取用户？
6. 你所在团队的项目如何利用"问答推广"获取用户？
7. 你所在团队的项目如何利用"威客推广"获取用户？
8. 你所在团队的项目如何利用"网络视频推广"获取用户？
9. 你所在团队的项目如何利用"网络图片推广"获取用户？

 情景图任务的参考答案线索和思路都隐含在情景图和任务纸中，请根据问题用手机自查资料或案例，各团队按抽签顺序上台讲解、答辩和互动。

用户、客户与商业模式

【问题聚焦】

商业模式是产品实现商业化（交换）的过程，包括塑造价值、传递价值、获取收益三大模块。商业模式至少由四个方面构成：（1）产品模式；（2）用户模式；（3）推广模式；（4）利润模式。所有的商业模式都要建立在产品模式和用户模式的基础之上，没有对产品和用户的思考，公司是不可能做大的。

用户不是一个复合概念，与客户、消费者、顾客都存在着一定关联，了解这几者之间的联系和区别，对我们理解商业模式的内核有着重要意义，所有的商业模式都是与人紧密关联的。

【用户、客户、消费者与顾客的关联及区别】

● **用户**：产品的使用者，该产品可以是使用者花钱买的，也可以不是。自己花钱买产品的用户也是顾客。产品设计者习惯使用"用户"称谓。

● **客户**：彼此之间有买卖关系的企业、团体或个人。购买产品的客户是顾客，购买产品并使用产品的客户既是顾客，也是用户。企业对团购者、微商从业者对购买者习惯使用"客户"称谓。

● **消费者**：产品的占有者，对于占有的产品，他们可以使用，也可以不使用；可以买，也可以不买。购买产品的消费者是顾客，使用产品的消费者是用户。消费者本身就包括了顾客和用户，从事市场研究的人员和市场营销的教学者习惯使用"消费者"称谓。

● **顾客**：产品的购买者，对于购买的产品，他们可以使用，也可以不使用，但一定是自己花钱购买的。门店经营者习惯使用"顾客"称谓。

【商业模式创新设计的关键点】

● **相关交易者利益结构设计**。商业模式的相关交易者除了买方、卖方，还可能会有连接买卖的中间方和产品的使用方等。商业模式要创新，必须深入研究相关交易者利益结构，并设计出简洁、清晰的一句话，能在很短的时间内（甚至是瞬间）打动相关交易者。相关交易者利益结构设计，要能解决迅速成交的问题。

● **接触点服务设计**。接触点可以是线下，也可以是线上。接触点服务的好坏会直接影响顾客的喜恶、判断和是否产生购买的行为。接触点服务设计得好，顾客买了第一次后，还会不断回头购买；不仅自己购买，还会介绍给别人购买。接触点服务设计，要能解决顾客流失的问题。

> **温馨提示**：情景图任务的参考答案线索和思路都隐含在情景图和任务纸中，请根据问题用手机自查资料或案例，各团队按抽签顺序上台讲解、答辩和互动。

第一模块：创业基本管理技能训练之 5

《获取用户管理技能》
翻转课堂情景图任务 B

> 参见第20页翻转课堂情景图，根据实际情况选择任务，在团队讨论基础上，成员分工合作，在任务纸或大画纸上完成。

■ **项目类别与网络用户**　参见第20页情景图C，完成以下任务：

1. 你所在团队的项目属于网络的"广告类（内容类）""游戏类"，还是"电商类"？这三类的侧重点分别是什么？

2. 影响"广告类（内容类）""游戏类""电商类"的要素有哪些？请分别列举实际案例进行阐述。

■ **网络推广形式与用户分类**　参见第20页情景图D和E，完成任务：

1. 网络推广的形式有哪些？最适合你所在团队项目的推广形式有哪几种？请结合实际案例予以阐述。

2. 网络用户有哪些类别？你所在团队项目最重要的网络用户是哪些？请结合实际案例予以阐述。

■ **商业模式思维转换与用户获取的创新**

参见第20页情景图F，完成以下任务并翻转课堂：

1. "过去的商业模式是：羊毛出在羊身上，所以在羊身上可以直接找到答案。"这句话与过去"获取用户"有何关联？请阐述你的见解。

2. "现在的商业模式是：羊毛出在牛身上，猪来买单。如果你偏要去羊身上纠结，能找到答案吗？"这句话体现的是什么样的获取客户的思维方式？请列举实际案例阐述你的见解。

"十三五"职业教育国家规划教材

以成果为导向的情景式可视化创新创业训练系统

创新创业课程资源库

案例 ● 教案 ● 音视频 ● PPT课件 ● 电子教材
策划方案 ● 课程思政资料和图片 ● 创业计划书

扫描二维码，学习二十大主要精神

第一模块：
创业基本管理
技能训练 之 6

用户体验管理技能

第一模块：创业基本管理技能训练之 6
用户体验管理技能

情景式翻转课堂图

A 用户体验前提条件

A1 不强迫用户　　A2 简单易操作　　A3 不破坏用户习惯　　A4 不让用户思考　　A5 超出用户预期

B 卖什么不如卖体验

C 用户体验的组合

天时（用户）、地利（产品）、人和（团队）

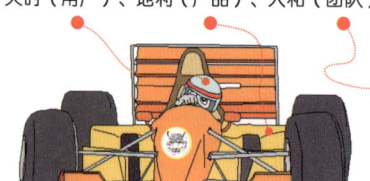

D 极致体验 贴近用户，更懂用户

E 用户体验管理

用户体验管理是一种新颖的管理方法和技术，从战略、策略、战术贯穿用户对公司或企业全身心体验的过程

- E1 以提高用户整体体验为出发点
- E2 注重与用户的每一次接触
- E3 协调整合售前售中售后各阶段的用户接触点（门店或其他渠道）
- E4 有目的无缝隙地为用户传递目标信息
- E5 塑造品牌承诺的正面感觉
- E6 实现良性互动
- E7 创造差异化用户体验
- E8 强化感知价值
- E9 促进用户重复使用和购买，从而增加企业收入和资产价值。

F 从实体整合营销七环节看用户体验

用户体验就是在用户的感官、情感、思考、行动、关联等五个方面，定义和设计产品及营销方式，让用户在售前、售中和售后过程中都能通过看、听、用、参与，留下深刻、美好的感觉，产生持续使用、重复购买或推荐他人使用和购买的行动。

F1 概念　F2 定位　F3 创意　F4 包装　F5 推广　F6 体验　F7 交易

G 增强网络用户体验的途径和方式

产品用户体验四要素　产品 PRODUCT

- G1 印象（感官冲击）
- G2 功能性
- G3 使用性
- G4 内容

H 创新体验方法

- H1 平滑动态转场效果
- H2 故事情感化
- H3 数据可视化
- H4 大背景图片
- H5 产品气质打造
  - H5-1 大众亲民
  - H5-2 复古经典
  - H5-3 文艺清新
  - H5-4 简约自然
  - H5-5 冷酷神秘
  - H5-6 有趣可爱
  - H5-7 现代时尚

用户体验设计

【问题聚焦】

用户体验主要有三大类：（1）感观体验。呈现给用户视觉、听觉、触觉、嗅觉上的体验，强调舒适性。（2）交互体验。产品在用户使用、交流过程中的体验，强调互动、交互特性。（3）情感体验。给用户心理上的体验，强调心理认可度。情感体验的升华是口碑的传播，形成一种高度的情感认同效应。

用户体验应贯穿产品设计、产品创新、产品使用的全过程。客户服务也是用户体验的一部分，因为客户服务同产品设计存在一定的关联。虽然客户服务更多的是对人员素质的要求，但一个好的产品设计可以减少用户对客户服务的需要，从而降低由于客户服务质量引发用户流失的机率。

【用户体验设计的五个层次】

● **战略层**：设计目标和用户需求。明确企业与用户对产品设计的期许和目标，有助于确立用户体验各方面战略的制定。成功的用户体验，其基础是一个被明确表达的"战略"。

● **范围层**：功能规格和内容说明。对于"我们想要什么""我们的用户想要什么"有了明确的认识，就能清楚如何去满足所有这些战略目标。当把用户需求和产品设计目标转变成产品应该提供给用户什么样的外形、内容和功能时，战略就变成了范围。

● **结构层**：产品设计与交互信息架构。在收集完用户需求并将其排列好优先级别之后，设计者对于最终产品将会包括什么特性已经有了清晰的思路和设想，但还没有实现如何将这些需求组成一个整体。这就需要给产品创建一个概念结构。

● **框架层**：界面设计、导航设计和信息设计。在充满概念的结构层中开始形成了大量的需求，这些需求都是来自我们战略目标的需求。在框架层，我们要更进一步地提炼这些结构，确定很详细的界面外观、导航和信息设计，这能让概念结构变得更实在。

● **表现层**：视觉设计。要把注意力转移到产品用户会先注意到的那些方面（视觉设计），产品内容、功能和美学汇集到一起来产生一个最终设计，以实现前面四个层面的目标。

> **温馨提示**：情景图任务的参考答案线索和思路都隐含在情景图和任务纸中，请根据问题用手机自查资料或案例，各团队按抽签顺序上台讲解、答辩和互动。

第一模块：创业基本管理技能训练之 6

《用户体验管理技能》
翻转课堂情景图任务 A

> 参见第24页翻转课堂情景图，根据实际情况选择任务，在团队讨论基础上，成员分工合作，在任务纸或大画纸上完成。

■ **用户体验前提条件** 参见第24页情景图A，完成以下任务：

1. 举例阐述（正例和反例均可）：为什么"不强迫用户"是用户体验前提条件之一？（翻转课堂）
2. 举例阐述（正例和反例均可）：为什么"简单易操作"是用户体验前提条件之一？（翻转课堂）
3. 举例阐述（正例和反例均可）：为什么"不破坏用户习惯"是用户体验前提条件之一？（翻转课堂）
4. 请举例阐述（正例和反例均可）：为什么"不让用户思考"是用户体验前提条件之一？（翻转课堂）
5. 请举例阐述（正例和反例均可）：为什么"超出用户预期"是用户体验前提条件之一？（翻转课堂）

■ **体验也是一种产品** 参见第24页情景图B，完成以下任务：

1. 列举一个实体门店用户体验的例子阐述：为什么说"卖什么不如卖体验？"（翻转课堂）
2. 列举一个网上商城用户体验的例子阐述：为什么说"卖什么不如卖体验？"（翻转课堂）

■ **用户体验组合** 参见第24页情景图C，完成以下任务：

1. 用户体验的"天时""地利""人和"分别指的是什么？
2. 根据你所在团队产品特点，设计一个"天时""地利""人和"完美融合的用户体验方案，并翻转课堂。

■ **用户极致体验** 参见第24页情景图D，完成以下任务：

1. 列举三个用户极致体验的例子，并分享一个你亲身经历的极致体验案例。
2. 案例阐述：为什么说极致体验能"贴近用户，更懂用户"？

用户体验地图CJM
Customer Journey Map

【问题聚焦】

用户体验地图就是通过一张图，用一种讲故事的方式，从一个特定用户的视角出发，记录从用户来到产品面前到完成行为目标并离开的全部过程。它包括：用户在这个场景中的触点、行为、痛点、爽点和内心独白。通过用户体验地图可以直观地了用户使用产品的过程和在使用过程中的整体感受，并在此基础上寻找新机遇去建立更好的用户体验。

用户体验地图可以有效地将用户行为、用户场景等信息可视化，进而更清晰地展示用户体验过程与用户情绪的变化，助推后续产品的更新迭代。

【用户体验对产品开发团队的价值】

● 价值一：用户视角。用户体验地图可以帮助产品开发人员避免沉浸在自己的逻辑世界中，将自己切换成用户视角、小白模式去看产品体验问题，去观察用户在整个路径中是如何满足自己目标的和在满足自己目标时，是困难还是容易。

● 价值二：全局思维。避免单纯从产品功能出发，仅仅通过数据或用户反馈层面的依据，割裂地去看每一个模块，这样很难做到整体系统的提升体验。用户体验地图可以全局思维去看待用户使用流程，从而把握节奏，进行体验优化。

● 价值三：达成共识。由于团队角色不同，PM（产品经理）、RD（研发工程师）、UE（用户体验师）的关注点都各有侧重，容易产生角色冲突。只有各角色成员亲自去访谈用户，参与到体验地图绘制中，才能去感受用户使用过程中有哪些不便，形成共识后努力探索解决方案，而不是陷入"我觉得"的主观认知中。

【绘制用户体验地图简明要点】

● 第一步：针对性筛选"目标用户"。
● 第二步：切换小白视角梳理"主要场景"。
● 第三步：根据不同场景，进行用户访谈，收集用户的触点、行为、想法、爽点、痛点等。
● 第四步：根据访谈内容整理出情绪卡片，画出用户完成需求的整体路径，配上时间轴，最后绘制成"用户体验地图"，让产品触点和设计机会点清晰可见。

 情景图任务的参考答案线索和思路都隐含在情景图和任务纸中，请根据问题用手机自查资料或案例，各团队按抽签顺序上台讲解、答辩和互动。

第一模块：创业基本管理技能训练之6

《用户体验管理技能》
翻转课堂情景图任务 B

参见第24页翻转课堂情景图，根据实际情况选择任务，在团队讨论基础上，成员分工合作，在任务纸或大画纸上完成。

■ 用户体验管理　参见第24页情景图E，完成以下任务：
1. 举例阐述：什么是用户体验管理？（翻转课堂）
2. 举例阐述：用户体验管理为什么要特别注重"与用户的每一次接触"的过程管理？（翻转课堂）
3. 在售前、售中和售后过程中，用户体验的重心相同吗？请阐述理由。
4. 举例阐述：在与同类商家进行市场竞争的过程当中，创造差异化的用户体验对获取和留住用户有哪些积极作用？（翻转课堂）

■ 从实体整合营销七环节看用户体验
参见第24页情景图F，完成以下任务：
1. 实体整合营销有哪七个环节？这些环节的关联性是怎样的？
2. 在用户体验过程中的"感官、情感、思考、行动、关联"这五个要素里，你认为哪个要素最重要？这个要素是出现在售前、售中还是售后？为什么？请举例并翻转课堂。

■ 增强网络用户体验的途径和方式
参见第24页情景图G、H，完成以下任务：
1. 网络用户体验也是以产品为中心的，根据你所在团队项目的特点，阐述在产品用户体验四个要素方面如何增强网络用户体验。
2. 举例阐述：增强网络用户体验的创新方法有哪些？

第一模块：创业基本管理技能训练之 6
用户体验管理技能

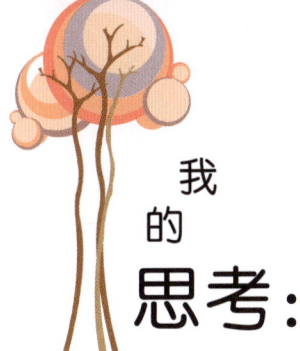
我的思考：

创新创业课程资源库
案例 ● 教案 ● 音视频 ● PPT课件 ● 电子教材
策划方案 ● 课程思政资料和图片 ● 创业计划书

扫描二维码，学习二十大主要精神

课程思政 团队讨论：创业技能与工匠精神。

第二模块：创业运营基础技能训练

思维导图树

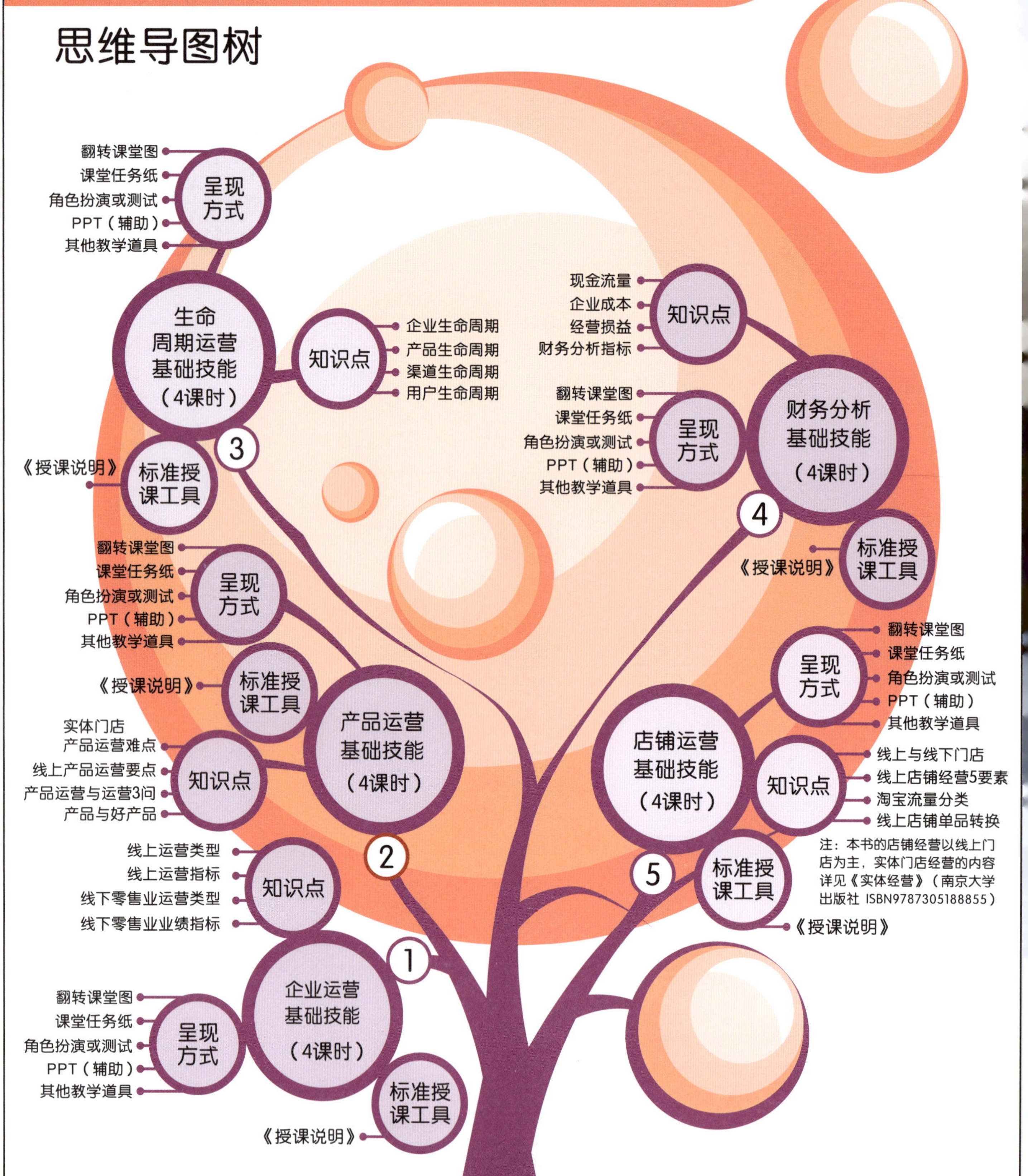

① 企业运营基础技能（4课时）
- 呈现方式
  - 翻转课堂图
  - 课堂任务纸
  - 角色扮演或测试
  - PPT（辅助）
  - 其他教学道具
- 知识点
  - 线上运营类型
  - 线上运营指标
  - 线下零售业运营类型
  - 线下零售业业绩指标
- 标准授课工具
  - 《授课说明》

② 产品运营基础技能（4课时）
- 呈现方式
  - 翻转课堂图
  - 课堂任务纸
  - 角色扮演或测试
  - PPT（辅助）
  - 其他教学道具
- 知识点
  - 实体门店
  - 产品运营难点
  - 线上产品运营要点
  - 产品运营与运营3问
  - 产品与好产品
- 标准授课工具
  - 《授课说明》

③ 生命周期运营基础技能（4课时）
- 呈现方式
  - 翻转课堂图
  - 课堂任务纸
  - 角色扮演或测试
  - PPT（辅助）
  - 其他教学道具
- 知识点
  - 企业生命周期
  - 产品生命周期
  - 渠道生命周期
  - 用户生命周期
- 标准授课工具
  - 《授课说明》

④ 财务分析基础技能（4课时）
- 呈现方式
  - 翻转课堂图
  - 课堂任务纸
  - 角色扮演或测试
  - PPT（辅助）
  - 其他教学道具
- 知识点
  - 现金流量
  - 企业成本
  - 经营损益
  - 财务分析指标
- 标准授课工具
  - 《授课说明》

⑤ 店铺运营基础技能（4课时）
- 呈现方式
  - 翻转课堂图
  - 课堂任务纸
  - 角色扮演或测试
  - PPT（辅助）
  - 其他教学道具
- 知识点
  - 线上与线下门店
  - 线上店铺经营5要素
  - 淘宝流量分类
  - 线上店铺单品转换
- 标准授课工具
  - 《授课说明》

注：本书的店铺经营以线上门店为主，实体门店经营的内容详见《实体经营》（南京大学出版社 ISBN9787305188855）

本思维导图供老师授课前备课参考和学生学习前预习使用。

4个学时的课程可一次连上4节课，也可分为两次课上（每次2节课）。

第二模块：创业运营基础技能训练

20学时（每个学时40-45分钟）

可根据实际需要拆解学时，也可与《创业技能训练》其他模块配合使用。

"十三五"职业教育国家规划教材

以成果为导向的情景式可视化创新创业训练系统

创新创业课程资源库

● 案例 ● 教案 ● 音视频 ● PPT课件 ● 电子教材
● 策划方案 ● 课程思政资料和图片 ● 创业计划书

扫描二维码，学习二十大主要精神

第二模块：

创业运营基础技能训练 之 1

企业运营基础技能

第二模块：创业运营基础技能训练之 1
企业运营基础技能

• 情景式翻转课堂图 •

A 线上运营类型

- A1 运营型
  - A1-1 媒体
  - A1-2 信息
  - A1-3 购物
  - A1-4 娱乐类
- 网络运营 例：YOUKU优酷、搜狐新闻、淘宝网、美团网、移动APP、电影电视
- 实体 例：超市、连锁门店、购物广场、广告
- 驱动：不断发布新内容来驱动运营

- A2 产品型 / 线下实体（另见相关内容）/ 线上产品
  - 依靠产品本身，通过产品功能及满足需求能力的不断加强，进行推进。
  - 产品运营以网络工具、社交、沟通、通信类为主。
  - 举例：微信、QQ、百度、陌陌、导航等多属于产品驱动型。

- A3 网络市场型
  - 产品市场
  - 例：以"购买用户"为主的商机网站，如众多网游、页游等。
  - 产品无优质内容和特色功能，运营主要依靠广告、推广等市场活动去推动。

B 线上运营指标

- B1 来源量：每天的用户人数
- B2 转化率＝（有效用户/来源量）×100%　转化率：成为真正用户的比率
- B3 活跃度＝用户行为次数/用户数　活跃率：用户使用产品的程度
- B4 留存率＝（沉淀用户数/新用户总数）×100%　留存率：转化成老用户的比率

C 线下零售业运营主要类型

- C1 零售商店
  - C1-1 百货商店
  - C1-2 专业商店
  - C1-3 超市
  - C1-4 便利店
  - C1-5 折扣商店
  - C1-6 仓储商店
- C2 无店铺零售
  - C2-1 上门推销
  - C2-2 电视销售
  - C2-3 电话销售
  - C2-4 自动售货
  - C2-5 特定购货服务
- C3 联合零售
  - C3-1 批发联号　中小零售商自愿参加批发商的联号，联号成员以契约作联结，明确双方的权利和义务。批发商获得了忠实客户，零售商按比例在批发联号内进货，保证了供货渠道。
  - C3-2 零售商合作社　主要由一群独立零售商按照自愿、互利互惠原则成立，以统一采购和联合促销为目的的联合组织。
  - C3-3 消费合作社　由社区居民自愿出资成立零售组织，实行民主管理。这种商店按低价供应社员商品，或制定一定价格，社员按购物额分红。
  - C3-4 商店集团　这是零售业的组织规模化形式，没有固定的模式。它是在一个控股公司的控制下包括各行业的若干商店，通常采用多元化经营。
- C4 其他零售业态
  - C4-1 连锁经营
  - C4-2 商业街

D 线下零售业主要运营指标

D1 门店收益指标

- 销货毛利率＝毛利÷销货净额
  - 销货毛利率越高，表示获利的空间越大；
  - 销货毛利率越低，表示获利的空间越小。
- 投资回报率＝净利÷总投资额
  - 投资回报率越高，表示资本产生的净利越高；
  - 投资回报率越低，表示资本产生的净利越低。
- 来客数＝通行人数×入店率×交易率
  - 来客数越高，表示客源越广；
  - 来客数越低，表示客源越窄。
- 资金周转率＝总收入÷投入资金
  - 资金周转比率越高，表示资金利用效率越高；
  - 资金周转比率越低，表示资金利用效率越低。
- 损益平衡点＝门店总费用÷毛利率
  - 损益平衡点越高，表示获利时点越快；
  - 损益平衡点越低，表示获利时点越慢。
- 客单价分析＝营业额÷来客数
  - 客单价越高，表示一次平均消费额越高；
  - 客单价越低，表示一次平均消费额越低。
- 营业费用率＝营业费用÷营业收入
  - 营业费用比率越高，表示营业费用支出效率越低；
  - 营业费用比率越低，表示营业费用支出效率越高。

D2 门店人员分析指标

- 人员流动率＝期间内离职人数÷平均在职人数
  - 人员流动比率越高，表示人事越不稳定；
  - 人员流动比率越低，表示人事越稳定。

D3 门店员工绩效指标

- 员工绩效＝平均每人营业收入营业额÷门店员工人数
  - 员工绩效比率越高，表示员工绩效越高；
  - 员工绩效比率越低，表示员工绩效越低。

D4 门店成长达成率分析指标

- 毛利达成率＝实际营业毛利÷目标营业毛利
  - 毛利达成率越高，表示经营绩效越高；
  - 毛利达成率越低，表示经营绩效越低。
- 营收达成率＝实际营业收入÷目标营业收入
  - 营收达成率越高，表示经营绩效越高；
  - 营收达成率越低，表示经营绩效越低。
- 净利达成率＝实际营业净利÷目标营业净利
  - 营业净利率越高，表示经营绩效越高；
  - 营业净利率越低，表示经营绩效越低。

企业运营模式

【问题聚焦】

企业运营模式是指对企业经营过程的计划、组织、实施和控制,是与产品生产和服务创造密切相关的各项管理工作的总称。从另一个角度来讲,运营管理也可以指对生产系统以及公司提供主要产品或服务的其他系统进行的设计、运行、评价和改进。

企业运营管理的对象是运营过程和运营系统。运营过程是一个投入、转换、产出的劳动过程或价值增值的过程,必须考虑如何对这样的生产运营活动进行规划、组织和控制。运营系统是运营过程得以实现的手段。

【企业运营五大系统】

● 一号系统:团队。一个团队的层次有多高,取决于团队的短板。一个团队的前途有多远,取决于团队的领路人。

● 二号系统:资金。企业运营过程中,资金的流转、应用、收入,都与企业的发展和存亡息息相关。要善于发挥无形资本(时间、经历、抱负、思考)和辅助有形资本(资金、人力、原料、社会关系)的作用。

● 三号系统:渠道。在企业运营中,特别是在制定企业策略的时候,都要研究渠道,既要考虑买的人,也要考虑卖的人。在运营企业渠道系统时,要细分目标渠道,确保渠道的稳定、通畅和效率。

● 四号系统:产品。产品运营系统,靠的不单是技术上的创新,还要综合包装、品牌、价格、市场的相互作用,在完整的统筹下发展并完善,使产品系统的运营得心应手。

● 五号系统:计划。凡是运营必须有计划,凡是计划必须有结果,凡是结果必须有责任,凡是责任必须有检查,凡是检查必须有奖罚。企业不主动去计划,就会被变化。

【企业经营与企业运营】

● 企业经营的方向是由外而内,根据外部市场的变化,通过竞争、策略、品牌和资源把握市场机会。经营要看胜算,经营的四个关联要素是计划、目标、领导和组织。

● 企业运营的方向是由内而外,通过标准、服务、成本、质量、安全、执行力提高运营效率。运营的四个关联要素是任务、流程、控制和要求。

 温馨提示 情景图任务的参考答案线索和思路都隐含在情景图和任务纸中,请根据问题用手机自查资料或案例,各团队按抽签顺序上台讲解、答辩和互动。

第二模块:创业运营基础技能训练之1

《企业运营基础技能》
翻转课堂情景图任务 A

参见第30页翻转课堂情景图,根据实际情况选择任务,在团队讨论基础上,成员分工合作,在任务纸或大画纸上完成。

■ **企业经营基本意识导入** 参见第30页情景图,完成以下任务:

1. 举例阐述你对"低价是经营的万恶之源"这句话的理解。
2. 假如你是一个大型化妆品厂的厂长,某天,业务员对你说:"厂长,我们厂附近有一家小型化妆品厂,一直以低价倾销产品很厉害,我们比不过呀!"你听到这句话将如何回答?

■ **企业经营之"线上运营类型"** 参见第30页情景图A,完成任务:

1. 线上运营型企业有几种运营方式,分别是什么?
2. 举例阐述:线上运营型企业是如何驱动运营的?
3. 举例阐述:线上产品型企业有什么特点?(翻转课堂)
4. 举例阐述:线上产品型企业是如何驱动运营的?
5. 举例阐述:网络市场型企业有什么特点?(翻转课堂)
6. 举例阐述:网络市场型企业是如何驱动运营的?

■ **企业经营之"线上运营指标"** 参见第30页情景图B,完成任务:

1. 根据团队项目或举例阐述:线上运营指标的"来源量"是什么?并给予相对应的比较准确的数字(说明数字的来源和依据)。
2. 根据团队项目或举例阐述:线上运营指标的"转化率"是什么?写下转换率计算公式,并将相应的数字套入公式予以说明。
3. 根据团队项目或举例阐述:线上运营指标的"活跃率"是什么?写下活跃率计算公式,并将相应的数字套入公式予以说明。
4. 根据团队项目或举例阐述:线上运营指标的"留存率"是什么?写下留存率计算公式,并将相应的数字套入公式予以说明。

企业运营能力

【问题聚焦】

运营能力指的是企业运用各项资产以赚取利润的能力。企业运营能力的财务指标有：存货周转率、应收账款周转率、营业周期、流动资产周转率和总资产周转率等。这些指标揭示了企业资金运转周转的情况，反映了企业对经济资源管理、运用效率的高低。

企业运营能力分析包括流动资产周转情况分析、固定资产周转情况分析和总资产周转情况分析。

【企业运营能力之流动资产周转情况分析】

● 应收账款周转率。反映应收账款周转速度，是一定时期内赊销收入净额与应收账款平均余额的比率。一定时期内应收账款周转的次数越多，表明应收账款回收速度越快，企业管理工作效率越高。

● 存货周转率。是一定时期内企业销货成本与存货平均余额间的比率，是反映企业销售能力和流动资产流动性的一个指标，也是衡量企业生产经营各个环节中存货运营效率的一个综合性指标。在一般情况下，存货周转率越高越好。在存货平均水平一定的条件下，存货周转率越高越好。在存货平均水平一定的条件下，存货周转率越高，表明企业的销货成本数额增多，产品销售的数量增长，企业的销售能力加强。

● 流动资产周转率。流动资产周转率是反映企业流动资产周转速度的指标。它是流动资产的平均占用额与流动资产在一定时期完成的周转额之间的比率。在一定时期内流动资产周转次数越多，表明以相同的流动资产完成的周转额越多，流动资产利用效果越好。

【企业运营能力之固定资产周转情况分析】

● 固定资产周转率是指企业年销售收入净额与固定资产平均净值的比率。它是反映企业固定资产周转情况，从而衡量固定资产利用效率的一项指标。固定资产周转率高，表明企业固定资产利用充分，同时也能表明企业固定资产投资得当，固定资产结构合理，能够充分发挥效率。

【企业运营能力之总资产周转情况分析】

● 反映总资产周转情况的指标是总资产周转率，即企业销售收入净额与资产总额的比率。这一比率可用来分析企业全部资产的使用效率。如果这个比率较低，则说明企业利用全部资产进行经营的效率较差，最终会影响企业的获得能力。这样，企业就应该采取措施提高各项资产的利用程度，从而提高销售收入或处理多余资产。

 温馨提示：情景图任务的参考答案线索和思路都隐含在情景图和任务纸中，请根据问题用手机自查资料或案例，各团队按抽签顺序上台讲解、答辩和互动。

第二模块：创业运营基础技能训练之1

《企业运营基础技能》翻转课堂情景图任务 B

参见第30页翻转课堂情景图，根据实际情况选择任务，在团队讨论基础上，成员分工合作，在任务纸或大画纸上完成。

■ 企业经营之"线下零售业运营主要类型"

参见第30页情景图C，完成以下任务：

1. 线下零售商店有哪几种门店运营类型？请选出其中的一种进行举例阐述。
2. 线下无店铺零售有哪几种运营类型？请选出其中的一种进行举例阐述。
3. 线下联合零售有哪几种门店运营类型？请选出其中的一种举例阐述。
4. 线下其他零售业态主要有哪些运营类型？请选出其中的一种举例阐述。

■ 企业经营之"线下零售业主要运营指标"

参见第30页情景图D，完成以下任务：

1. 门店收益主要指标有哪些？请将公式一一写下来。
2. 请在以上的门店收益主要指标中选出2个，根据团队项目或举实例阐述，并将相应的数字套入公式予以说明。（翻转课堂）
3. 门店人员分析指标、门店员工主要绩效指标、门店成长达成率分析指标有哪些？请将公式一一写下来。（翻转课堂）
4. 在以上的门店运营主要指标中选出3个，根据团队项目或举实例阐述，并将相应的数字套入公式予以说明。（翻转课堂）

课程思政 团队讨论：
为什么创业需要合作精神、进取精神和拼搏精神？

"十三五"职业教育国家规划教材

以成果为导向的情景式可视化创新创业训练系统

创新创业课程资源库

- 案例 ● 教案 ● 音视频 ● PPT课件 ● 电子教材
- 策划方案 ● 课程思政资料和图片 ● 创业计划书

扫描二维码，学习二十大主要精神

第二模块：
创业运营基础技能训练 之 2

产品运营基础技能

第二模块：创业运营基础技能训练之 2
产品运营基础技能

• 情景式翻转课堂图 •

A 产品与好产品

产品是指能够供给市场，被人们使用和消费，并能满足人们某种需求的任何东西，包括有形的物品或无形的服务、信息、创意和它们的组合。

什么是产品？

A1
- 核心产品：提供给购买者的直接利益和效用
- 基本产品：基本呈现形式：核心产品的外显
- 期望产品：顾客在购买时期望得到的内容
- 附加值产品：超过顾客期望的附加服务和利益
- 潜在产品：可能产生的改进、增加和变革等

A2 好概念/好构想
- 消费者洞察：从消费者的角度提出其内心所关注的有关问题
- 产品利益：说明产品能为消费者提供哪些好处
- 传播点
- 支持点：产品怎样解决消费者洞察中所提出的问题

用一句话将消费者洞察、产品利益和支持点的精髓概括出来

A3 产品会说话吗？

B 什么是产品运营？

产品运营是指基于企业经营和产品战略，以最优的路径和最高效的执行，建立产品在市场上的竞争优势，并最终取得产品市场成功的过程。

- **B1**
- **B2** 运营策划：以数据为依据的产品运营方案策划
- **B3** 渠道转换：运营会接触到不同渠道的转化效率，因此需要和渠道商打交道或者同公司内部的销售人员接触，实际也会涉及一定的沟通协调公关的工作。
- **B4** 媒介推广：除了媒介计划、媒介实施方案外，包括了文案的撰写、主题/话题策划、软文发布等。
- **B5** 活动营销：结合活动的用户调研、产品推广和品牌宣传，制订和有效执行策划活动营销方案，达到提高产品和品牌知名度的目的。
- **B6** 数据分析：用适当的统计分析方法对收集来的大量数据进行分析，提取有用信息和形成结论而对数据加以详细研究和概括。数据决定运营的执行。
- **B7** 市场监督：产品运营的市场监督主要是战略层面，包括：行业市场的监控以及竞争对手的监控等。

C 产品运营3问（站在企业系统运营的角度）

C1 我从哪里来？（产业/产品机会）
- 创意来源
- 需求痛点
- 竞品软肋
- 消费升级
- 科技创新

C2 我是谁？（清晰的产品价值）
- 定位
- 身份
- 地位
- 符号
- 故事
- 利益点
- 支撑点

C3 我要去哪里？（打造产品生态圈）
- 产品品类化
- 品类快销化
- 快销品牌化
- 品牌场景化

D 线上产品运营要点

D1 分析用户价值
- 数据标准化
- 用户价值评分
- 加权评分

D2 精细化运营数字预测
- 移动均值预测
- 决策树模型
- 关键数据指标

D3 运营决策优化

D4 评估改版后效果

D5 内容运营5关键
- 内容生产 渠道/模式/质量
- 内容加工 个性/组织/精品
- 内容互动 机制/策略
- 内容消费（广告模式/交叉销售/推荐引擎）
- 内容输出（分享机制/平台模式/技术手段）

D6 获取用户

D7 获取收入

D8 提高用户留存度和活跃率

E 线上产品传播的主要要素
- 社交货币
- 诱因刺激
- 意见领袖
- 公开
- 实用
- 故事
- 情感

F 实体门店产品运营主要难点（痛点）

F1 服务半径小，同一区域竞争激烈

F2 产品、服务同质化严重

F3 缺供应商，更缺好的理念和模式

F4 不学习和交流都是在给自己挖坑

F5 缺少能规模盈利的优质产品

F6 表面缺客户，实际缺管理

产品运营

【问题聚焦】

产品运营，就是以产品为基础，以获取用户为目的，以适合的优化路径和高效的执行，建立产品在市场上的竞争优势，并最终取得产品市场成功的过程。

产品运营是企业运营不可或缺的环节，产品运营的价值主要体现在：（1）传递产品价值，使产品实现从1到100的成长；（2）助力产品不断完善，延续产品生命周期；（3）以结果为导向，在帮助用户利益最大化的同时，实现企业不断发展。

【产品运营思路】

● 熟悉企业产品和市场同类产品，及时掌握市场行情和趋势，不断优化产品。掌握市场和趋势是为了更好地把握产品未来的发展方向，制定相应的产品运营策略。

● 了解潜在用户需求，挖掘现有用户需求，只有更懂用户，更多地帮到用户，才能更好的引导用户。

● 制定可落地执行的运营活动目标和计划，做好各个产品运营阶段（运营前、运营中、运营后）和产品周期的数据分析，在数据指导的前提下，才能制定更加精准和可执行落地的运营目标和计划。

【产品运营主要工作内容】

● 进行产品优化。在用户对产品进行深度体验基础上，找到存在的一些不足，对能够优化的一些细节进行重点研究和改进。

● 调查和了解市场竞品，并不断提升产品自身竞争力。

● 对产品设计和开发进行调整优化，保证产品按期上市，并对数据进行实时跟踪。

● 以用户为中心，解决用户在使用产品过程中出现的各种问题，增强用户的产品使用粘性。

● 关注并满足用户个性化和多样化需求。

● 定期举办产品活动，持续跟踪活动中的相关数据，做好活动效果的评估，并以数据分析为基础，不断改善产品。

 情景图任务的参考答案线索和思路都隐含在情景图和任务纸中，请根据问题用手机自查资料或案例，各团队按抽签顺序上台讲解、答辩和互动。

第二模块：创业运营基础技能训练之2

《产品运营基础技能》
翻转课堂情景图任务 A

参见第34页翻转课堂情景图，根据实际情况选择任务，在团队讨论基础上，成员分工合作，在任务纸或大画纸上完成。

■ **产品与好产品** 参见第34页情景图A，完成以下任务：
1. 举例阐述你对"产品"的理解。（翻转课堂）
2. 举例阐述：产品分为几大类？各有何特点？
3. 举例阐述：好产品的概念打造可以从哪些方面入手？
4. 举例阐述你对"产品会说话"这句话的理解。

■ **产品运营** 参见第34页情景图B，完成以下任务：
1. 举例阐述：什么是产品运营？（翻转课堂）
2. 举例阐述：你对产品运营中的"运营策划"的理解。
3. 举例阐述：你对产品运营中的"渠道转化"的理解。
4. 举例阐述：你对产品运营中的"媒介推广"的理解。
5. 举例阐述：你对产品运营中的"活动营销"的理解。
6. 举例阐述：你对产品运营中的"数据分析"的理解。
7. 举例阐述：你对产品运营中的"市场监督"的理解。

■ **产品运营3问** 参见第34页情景图C，完成以下任务：
1. 产品的机会点由哪几部分构成？请举例阐述：你认为产品最重要的机会点是哪一个？
2. 产品价值由哪几部分构成？请举例阐述：你认为产品价值中最重要的3个是什么？
3. 举例阐述：如何从"产品品类化、品类快销化"的角度打造产品第一、二层生态圈？
4. 举例阐述：如何从"快销品牌化、品牌场景化"的角度打造产品第三、四层生态圈？

产品运营数据分析方法

【问题聚焦】

产品运营是验证产品设计和研发是否正确的重要环节。当产品推向市场以后，用户的任何反应都会体现在数据当中，数据可以客观的反映现阶段产品的状态。

如果产品运营效果不好，通过产品运营数据分析，可以发现问题是出现在产品本身还是产品体验环节，或是运营推广环节。根据数据找到问题的根节点，针对性地制定解决问题的方案。

【产品运营一些常用的数据分析方法】

● 5W2H分析法。用Why（为什么）、What（做什么）、Who（何人做）、When（何时）、Where（何地）、How（如何）、How much（多少）来思考问题，适用于解决简单的问题。

● 逻辑树分析法。像树枝那样逐渐展开，进行问题拆解，把一个复杂的问题变成一个个简单的子问题。

● 行业分析法。首选PEST分析法，即政治环境分析、经济环境分析、社会环境分析和技术环境分析。

● 多维度拆解分析法。维度+拆解，从多个角度思考问题。既要看到数据整体，又要看到数据内各个部分的差异。

● 对比分析法。在进行对数据对比分析时，主要考虑两个问题：和谁比（和自己比、和行业比），如何比（比数据整体大小、比数据整体波动、比趋势变化）。

● 假设检验分析法。也称"归因分析法"，即分析问题发生的原因，主要由提出假设、收集证据、得出结论三个阶段构成。

● 相关分析法。研究两种或两种以上数据之间关系的方法，如果一个指标和另一个指标是一起变化的，说明它们是相关的；如果一个指标先变化导致了另一个指标的变化，说明它们有因果性。

● 群组分析法。也叫同群分析，即对数据分组后进行对比。

● RFM分析法。R（最近一次消费间隔）、F（消费频率）、M（消费金额），用来对用户进行价值分类，识别有价值的用户，进行精细化运营，将用户转化为重要价值用户。

● 漏斗分析法。是衡量业务流程每一步转化率的分析方法，目的在于定位问题节点，找到有问题的环节。

 温馨提示：情景图任务的参考答案线索和思路都隐含在情景图和任务纸中，请根据问题用手机自查资料或案例，各团队按抽签顺序上台讲解、答辩和互动。

第二模块：创业运营基础技能训练之2

《产品运营基础技能》
翻转课堂情景图任务 B

参见第34页翻转课堂情景图，根据实际情况选择任务，在团队讨论基础上，成员分工合作，在任务纸或大画纸上完成。

■ 线上产品运营要点　参见第34页情景图D，完成以下任务：
1. 举例阐述：线上产品运营要点中的"分析用户价值"如何实施？
2. 举例阐述：线上产品运营要点中的"精细化运营数字预测"如何实施？
3. 举例阐述：线上产品运营要点中的"运营决策优化"如何实施？
4. 举例阐述：线上产品运营要点中的"评估改版后效果"如何评估？
5. 举例阐述：线上产品运营要点中的"内容运营"如何实施？
6. 举例阐述：线上产品运营要点中的"获取用户"如何实施？
7. 举例阐述：线上产品运营要点中的"获取收入"如何实现？
8. 举例阐述：线上产品运营要点中的"提高用户存留度和活跃率"如何实现？

■ 线上产品传播的主要要素　参见第34页情景图E，完成以下任务：
1. 举例阐述：线上产品传播要素中的"社交货币"。
2. 举例阐述：线上产品传播要素中的"诱因刺激"。
3. 举例阐述：线上产品传播要素中的"意见领袖"。
4. 举例阐述：线上产品传播要素中的"公开""实用""故事""情感"。

■ 实体门店产品运营主要难点　参见第34页情景图F，完成任务：
1. 实体门店产品运营主要难点有哪些？
2. 在实体门店产品运营主要难点中，选出你认为最难突破的两个，结合实际案例进行阐述。

"十三五"职业教育国家规划教材

以成果为导向的情景式可视化创新创业训练系统

第二模块：
创业运营基础
技能训练 之 3

创新创业课程资源库

案例 ● 教案 ● 音视频 ● PPT课件 ● 电子教材
策划方案 ● 课程思政资料和图片 ● 创业计划书

扫描二维码，学习二十大主要精神

生命周期
运营基础技能

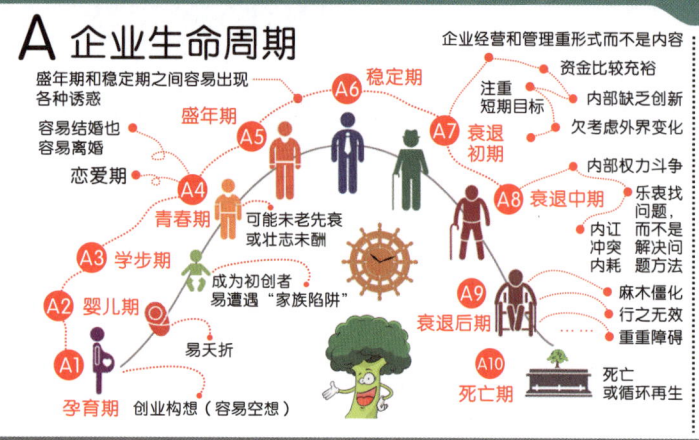
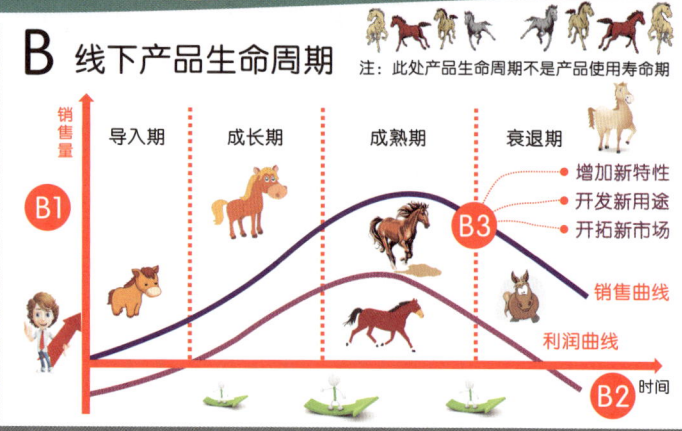
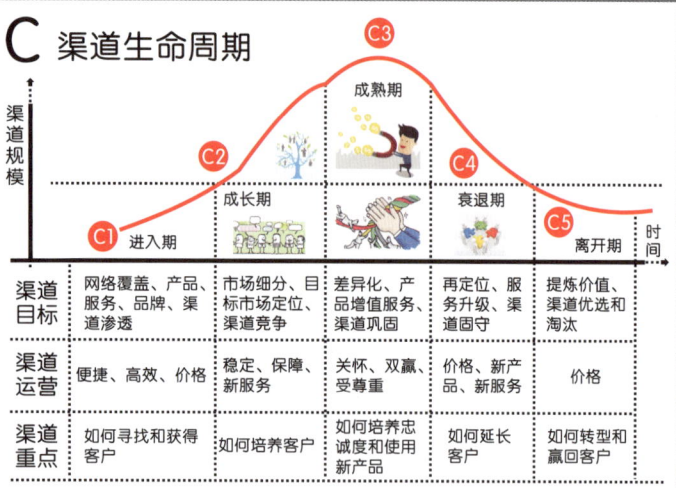
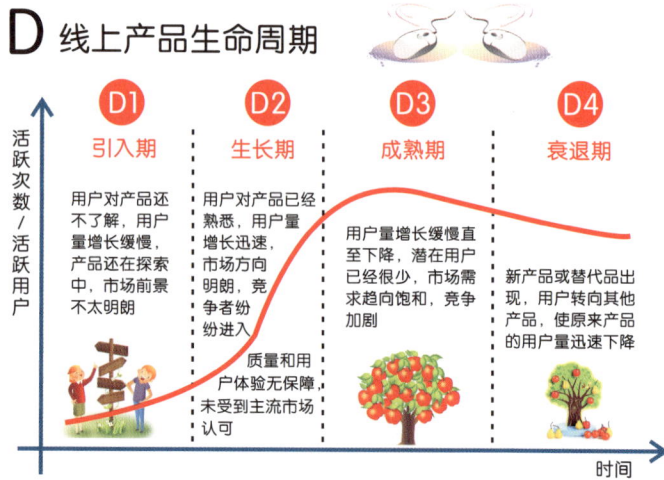
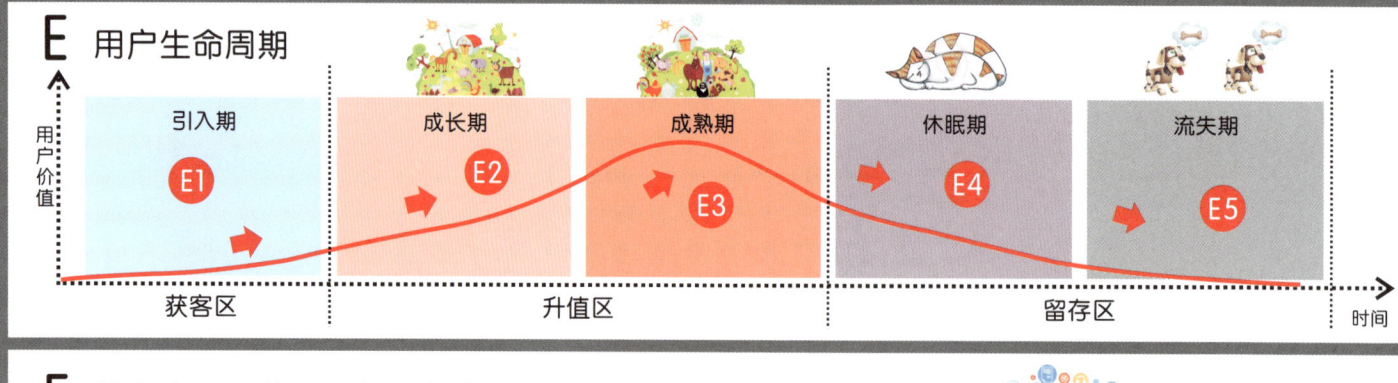
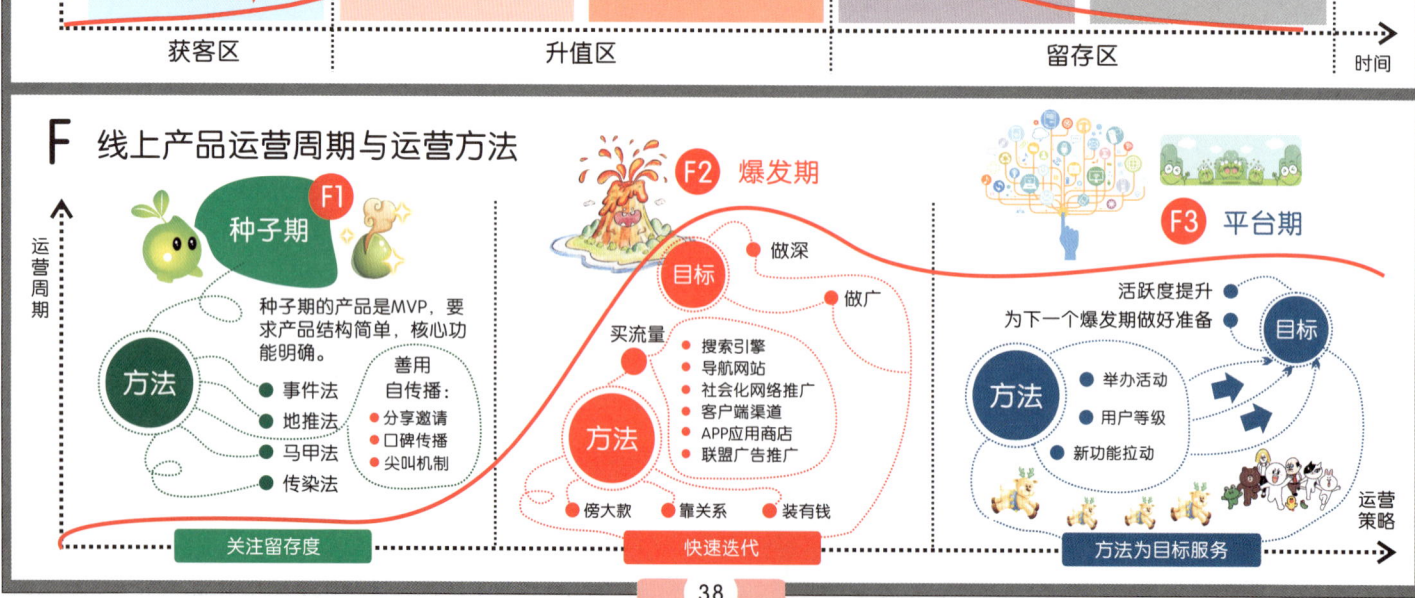

企业生命周期

【问题聚焦】

《企业生命周期》一书的作者伊查克·爱迪思,是美国最有影响力的管理学家之一,企业生命周期理论的创立者、组织变革和组织诊断专家。爱迪思以系统的方法巧妙地把企业的发展比作一个生命体,把企业生命周期分为十个阶段:孕育期、婴儿期、学步期、青春期、盛年期、稳定期、衰退初期、衰退中期、衰退后期、死亡。生动准确地描述了每个阶段的特征,并提出相应的对策,揭示企业发展的基本规律。

【企业生命周期十个阶段】

● 孕育期。创业构想阶段,产生了令人激动的创业想法之后,要落实行动。这个阶段最容易陷入"空想"。

● 婴儿期。进入婴儿期的企业要以产品为导向,必须根据用户需求开发产品,做好产品迭代,为成长阶段做好准备。

● 学步期。学步期是成长期的初期,创业企业之所以能够成长,本质上是因为企业创造了用户价值。在学步期,企业是围绕人而不是事来进行组织管理的。

● 青春期。这个阶段企业开始围绕着事来管理。先对事情进行整体规划,再按规划进行分工,对于一些规划外的事情,则按授权范围灵活处理。

● 盛年期。也称壮年期,是成熟期的初期。盛年期的企业有清晰的愿景和价值观,有高效的管理流程,有良好的业务表现。

● 稳定期。进入稳定期的企业,用户、组织、产品和市场等各方面都已充分发展,要素之间的关系也基本处于平衡的状态。

● 衰退初期。企业开始故步自封,缺乏创新的动力和开放的态度,但仍保持了一定的创新能力,具有较大的市场影响力。

● 衰退中期。关注管理层、投资者的利益,而不再关心如何为用户创造价值,热衷企业内部钩心斗角。

● 衰退后期。错误判断频频发生,对资源资本极大损耗,麻木僵化、拒绝开放合作。

● 死亡。财务状况恶化,回天无术。或破产重组,循环再生。

 情景图任务的参考答案线索和思路都隐含在情景图和任务纸中,请根据问题用手机自查资料或案例,各团队按抽签顺序上台讲解、答辩和互动。

第二模块:创业运营基础技能训练之3
《生命周期运营基础技能》
翻转课堂情景图任务 A

参见第38页翻转课堂情景图,根据实际情况选择任务,在团队讨论基础上,成员分工合作,在任务纸或大画纸上完成。

■ **企业生命周期** 参见第38页情景图A,完成以下任务:
1. 举例阐述:企业生命周期的"孕育期"容易出现什么问题?
2. 举例阐述:企业生命周期的"婴儿期"容易出现什么问题?
3. 举例阐述:企业生命周期的"学步期"容易出现什么问题?
4. 举例阐述:企业生命周期的"青春期"容易出现什么问题?
5. 举例阐述:企业生命周期中的"盛年期""稳定期"容易出现什么问题?
6. 举例阐述:企业生命周期中的"衰退初期""衰退中期"和"衰退后期"容易出现什么问题?企业到了"死亡"是永远消亡了吗?

■ **线下产品生命周期** 参见第38页情景图B,完成以下任务:
1. 举例阐述:产品生命周期和产品使用寿命期有什么区别?
2. 产品生命周期的"销售曲线"和"利润曲线"有什么特点?
3. 当产品生命周期从"成熟期"转向"衰退期"时,可以采取哪些措施阻止产品销售量和产品利润下滑?

■ **渠道生命周期** 参见第38页情景图C,完成以下任务:
1. 举例阐述:渠道生命周期中的"进入期"在"渠道目标""渠道运营"和"渠道重点"三个方面各有什么要求?
2. 举例阐述:渠道生命周期中的"成长期"在"渠道目标""渠道运营"和"渠道重点"三个方面各有什么要求?
3. 举例阐述:渠道生命周期中的"成熟期"在"渠道目标""渠道运营"和"渠道重点"三个方面各有什么要求?
4. 举例阐述:渠道生命周期中的"衰退期"在"渠道目标""渠道运营"和"渠道重点"三个方面各有什么要求?
5. 举例阐述:渠道生命周期中的"离开期"在"渠道目标""渠道运营"和"渠道重点"三方面各有什么要求?

用户生命周期

【问题聚焦】

每个用户的生命周期都能产生商业价值，但有些用户更有价值。用户生命周期和流失是息息相关的，用户流失，便是用户生命周期的终止。无论是多么优秀的运营，都无法真正制止用户流失，但可以延长用户生命周期。

产品运营的目标就是尽一切可能延长用户的生命周期，并且在生命周期中尽一切可能产生商业价值，实现CLV（用户生命周期价值）最大化。

【用户生命周期的划分】

● 导入期。用户获取阶段，用户开始接触产品，产品运营工作就是将市场中的潜在用户转化为企业产品用户。

● 成长期。用户开始体验产品的相关服务或功能，产品运营的目标是培养用户对产品的使用习惯，让用户对产品产生情感和依赖。这一阶段产品运营的重点在于精细化运营，通过用户运营和活动运营的方法，提高用户活跃度和留存度，为产品积累忠实用户。

● 成熟期。用户进入成熟期后，产品运营的目标在于提高用户的复购率和分享率，最大限度地挖掘用户价值。产品运营策略应该根据用户以往的数据投其所好，培养用户的习惯，引导用户分享传播，起到老用户拉动新用户的效果。

● 休眠期：这个阶段用户的活跃度明显下降，产品运营的目标在于唤醒沉睡用户，提高留存率。产品运营策略可以通过各种优惠鼓励活动或优化产品和服务，提高用户的新鲜度，让用户不断从产品中获得价值，让沉睡用户再次活跃。

● 流失期：超过一段时间未使用产品的用户，分为预流失和流失两种情况。产品运营目标是：针对预流失用户进行干预，防止流失；针对已流失的用户进行召回，使其重新使用产品。用户流失期有两个关键点：一是判断用户流失的具体行为是什么；二是判断该用户没有再次完成该行为的时间间隔是多久，行为的判断可以根据产品的实际情况进行。

● 如何进行用户生命周期管理，需要根据产品具体的用户、所处行业、市场竞争情况来判断。

 情景图任务的参考答案线索和思路都隐含在情景图和任务纸中，请根据问题用手机自查资料或案例，各团队按抽签顺序上台讲解、答辩和互动。

第二模块：创业运营基础技能训练之3

《生命周期运营基础技能》翻转课堂情景图任务 B

参见第38页翻转课堂情景图，根据实际情况选择任务，在团队讨论基础上，成员分工合作，在任务纸或大画纸上完成。

■ 线上产品生命周期　参见第38页情景图D，完成以下任务：
1. 举例阐述：线上产品生命周期中的"引入期"和"生长期"有什么特点？
2. 举例阐述：线上产品生命周期中的"成熟期"和"衰退期"有什么特点？

■ 用户生命周期　参见第38页情景图E，完成以下任务：
1. 举例阐述：用户生命周期包括哪些阶段？
2. 举例阐述：用户生命周期中的"休眠期"有什么特点？
3. 举例阐述："获客区""升值区""留存区"分别出现在用户生命周期的哪些阶段？

■ 线上产品运营周期与运营方法
参见第38页情景图F，完成以下任务：
1. 举例阐述：线上产品运营周期的"种子期"有什么特点？主要采取什么运营策略？
2. 举例阐述：线上产品运营周期的"种子期"可以采取哪些运营方法？如何善用自传播？
3. 举例阐述：线上产品运营周期的"爆发期"的运营目标是什么？主要运营策略是什么？可以采取哪些运营方法
4. 举例阐述：线上产品运营周期的"平台期"的运营目标是什么？可以采取哪些运营方法？

课程思政 团队讨论：创业精神与爱国主义。

"十三五"职业教育国家规划教材

以成果为导向的情景式可视化创新创业训练系统

创新创业课程资源库

案例 ● 教案 ● 音视频 ● PPT课件 ● 电子教材
策划方案 ● 课程思政资料和图片 ● 创业计划书

扫描二维码，学习二十大主要精神

第二模块：
创业运营基础技能训练 之 4

财务分析基础技能

41

创业运营基础技能训练之 4
财务分析基础技能

• 情景式翻转课堂图 •

A 现金流量

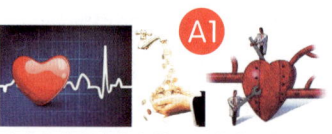

决定企业兴衰存亡的是现金流,最能反映企业本质的是现金流,在众多价值评价指标中基于现金流的评价是最具权威性的。

A2 什么是现金流量变化?

(企业在某一期间内)
现金流入-现金流出
= 现金流变化

A3 现金流入主要有哪些?

出售固定资产 | 提供劳务 | **A3-4** 业务收入

销售商品 A3-1 | A3-2 | A3-3

收回投资 A3-5 | 借入资金 A3-6 | 融资到账资金 A3-7

A4 现金流出主要有哪些?

购买商品 A4-1 | 接受劳务业务服务 A4-2 | **A4-3** 购建固定资产 | **A4-4** 现金投资 | **A4-5** 偿还债务

A5 现金流量变化会有哪些结果?

A5-1 现金流量大于零
A5-2 现金流量等于零
A5-3 现金流量小于零

B 现金流量表

企业现金流量表是以现金为基础编制的财务状况变动表,反映了企业(会计主体)一定期间内现金的流入和流出,表明企业获得现金和现金等价物的能力。

B1 经营活动产生的现金流量 | B2 投资活动产生的现金流量 | B3 筹资活动产生的现金流量

B4 现金流量表常用编制方法之直接法

直接法直接确定每笔涉及现金收支业务的属性,归入按现金流动属性分类形成经营、投资、筹资三部分的现金收支项目。二者的现金流入流出净额合计就得到一个单位整个期间的现金净流量。

C 企业成本主要划分类别

C1 可控成本与不可控成本

C2 固定成本与可变成本

C3 生产成本与销售成本

C4 显性成本与隐性成本

D 经营损益表(利润表)

D1:
- 营业收入
- 营业成本
- 销售费用
- 管理费用
- 财务费用
- 营业利润
- 所得税费用
- 净利润
- 稀释每股收益(上市公司)

D2 企业经营损益表也叫利润表,主要是表现企业会计期间财务运营状况的财务报表,是企业盈利与否的重要展现工具。

企业在一定时期内,各项经营收入抵补各项经营支出后的差额,就是企业经营的最终成果。

经营总收入超过总支出就是企业纯益;反之,则是纯损。

E 资产负债表

企业资产负债表,主要是企业资产与负债及所有者权益变化的综合反映。

E1 企业资产 = 企业负债+所有者权益

企业资产负债表包含了流动资金、固定资产、应收应付、实收资本等各项科目,是一个企业运营的综合反映。

无形资产 | 长期投资 | **E2** 企业资产
固定投资 | 流动资产
其他资产 | 企业资产合计

企业负债 | **E3** 流动负债 | 负债合计
长期负债

所有者权益 **E4**
实收资本
资本公积
盈余公积
未分配利润
所有者权益合计

F 财务分析主要指标

财务分析指标是企业总结和评价财务状况和经营成果的相对指标。中国《企业财务通则》中为企业规定的三种财务指标有偿债能力指标、营运能力指标、盈利能力指标。

F1 偿债能力指标
- 短期偿债能力指标:资产负债率 产权比率 有形资产净值率 已获利息保障倍数
- 长期偿债能力指标:流动比率 速动比率 现金流量比率 到期债务本息偿付比率

F2 营运能力指标:营业周期 存货周转率 流动资产周转率 应收账款周转率 总资产周转率

F3 盈利能力指标:销售净利率 销售毛利率 资产净利率 净资产收益率

F4 发展能力指标 | 其他能力指标

F5 会计年度与财务年度

会计年度和财务年度都是反映公司财务状况、经营成果的时间界限。根据会计法的规定,我国会计年度自公历1月1日起至12月31日止。为了便于账务处理,财务通常以3月底或12月底为财务年度结算期。

财务分析主要工作内容

【问题聚焦】

　　财务分析是以会计核算和报表资料及其他相关资料为依据，采用一系列专门的分析技术和方法，对企业等经济组织过去和现在有关筹资活动、投资活动、经营活动、分配活动的盈利能力、营运能力、偿债能力和增长能力状况等进行分析与评价的经济管理活动。它是为企业的投资者、债权人、经营者及其他关心企业的组织或个人了解企业过去、评价企业现状、预测企业未来以做出正确决策提供准确的信息或依据的一种金融财会技能。

【财务分析主要工作内容】

● 资金运作分析。根据公司业务战略与财务制度，预测并监督公司现金流和各项资金使用情况，为公司的资金运作、调度与统筹提供信息与决策支持。

● 财务政策分析。根据各种财务报表，分析并预测公司的财务收益和风险，为公司的业务发展、财务管理政策制度的建立及调整提供依据。

● 经营管理分析。参与销售、生产的财务预测、预算执行分析、业绩分析，并提出专业的分析建议，为业务决策提供财务支持。

● 投资与融资管理分析。参与投资和融资项目的财务测算、成本分析、敏感性分析等活动，配合上级制定投资和融资方案，防范风险，并实现公司利益的最大化。

● 财务分析报告。根据财务管理政策与业务发展需求，撰写财务分析报告、投资财务调研报告、可行性研究报告等，为公司财务决策提供分析支持。

【财务分析主要方法】

● 比较分析法。通过对比两期或连续数期财务报告中的相同指标，确定其增减变动的方向、数额和幅度，来说明企业财务状况或经营成果变动趋势的一种方法。比较分析法的具体运用主要有重要财务指标的比较、会计报表的比较和会计报表项目构成的比较三种方式。

● 比率分析法。是通过计算各种比率指标来确定财务活动变动程度的方法。比率指标的类型主要有构成比率、效率比率和相关比率三类。

● 因素分析法。是依据分析指标与其影响因素的关系，从数量上确定各因素对分析指标影响方向和影响程度的一种方法。因素分析法具体有两种：连环替代法和差额分析法。

 温馨提示　情景图任务的参考答案线索和思路都隐含在情景图和任务纸中，请根据问题用手机自查资料或案例，各团队按抽签顺序上台讲解、答辩和互动。

第二模块：创业运营基础技能训练之 4

《财务分析基础技能》
翻转课堂情景图任务 A

参见第42页翻转课堂情景图，根据实际情况选择任务，在团队讨论基础上，成员分工合作，在任务纸或大画纸上完成。

■ **现金流量**　参见第42页情景图A，完成以下任务：
1. 举例阐述：什么是现金流量？
2. 举例阐述：什么是现金流量变化？
3. 举例阐述：企业现金流入主要有哪些表现？
4. 举例阐述：企业现金流出主要有哪些表现？
5. 举例阐述：现金流量变化会有哪些结果？

■ **现金流量表**　参见第42页情景图B，完成以下任务：
1. 举例阐述：什么是现金流量表？
2. 举例阐述：企业经营活动产生的现金流量有哪些？
3. 举例阐述：企业投资活动产生的现金流量有哪些？
4. 举例阐述：筹资活动产生的现金流量有哪些？
5. 举例阐述：编制现金流量表常用的方法是什么？如何使用？
6. 举例阐述：你对产品运营中的"数据分析"的理解。
7. 举例阐述：你对产品运营中的"市场监督"的理解。

■ **企业成本的划分类别**　参见第42页情景图C，完成以下任务：
1. 举例阐述：企业可控成本与不可控成本有哪些？
2. 举例阐述：企业固定成本与可变成本有哪些？
3. 举例阐述：企业生产成本与销售成本有哪些？
4. 举例阐述：企业显性成本和隐形成本有哪些？

常用财务指标分类及计算公式

【偿债能力分析指标计算公式】

短期偿债能力分析

- 流动比率。计算公式：流动资产 / 流动负债
- 速动比率。计算公式：（流动资产−存货）/ 流动负债
- 现金比率。计算公式：（现金+现金等价物）/ 流动负债
- 现金流量比率。计算公式：经营活动现金流量 / 流动负债
- 到期债务本息偿付比率。计算公式：经营活动现金净流量 /（本期到期债务本金 + 现金利息支出）

长期偿债能力分析

- 资产负债率。计算公式：负债总额 / 资产总额
- 股东权益比率。计算公式：股东权益总额 / 资产总额
- 权益乘数。计算公式：资产总额 / 股东权益总额
- 负债股权比率。计算公式：负债总额 / 股东权益总额
- 有形净值债务率。计算公式：负债总额 /（股东权益−无形资产净额）
- 偿债保障比率。计算公式：负债总额 / 经营活动现金净流量
- 利息保障倍数。计算公式：（税前利润+利息费用）/ 利息费用
- 现金利息保障倍数。计算公式：（经营活动现金净流量+付现所得税）/ 现金利息支出

【运营能力分析指标计算公式】

- 存货周转率。计算公式：销售成本 / 平均存货
- 应收账款周转率。计算公式：赊销收入净额 / 平均应收账款余额
- 流动资产周转率。计算公式：销售收入 / 平均流动资产余额
- 固定资产周转率。计算公式：销售收入 / 平均固定资产净额
- 总资产周转率。计算公式：销售收入 / 平均资产总额

【盈利能力分析指标计算公式】

- 资产报酬率。计算公式：利润总额+利息支出 / 平均资产总额
- 净资产报酬率。计算公式：净利润 / 平均净资产
- 毛利率。计算公式：销售毛利 / 销售收入净额
- 销售净利率。计算公式：净利润 / 销售收入净额
- 成本费用净利率。计算公式：净利润 / 成本费用总额
- 股东权益报酬率。计算公式：净利润 / 平均股东权益总额

【发展能力分析指标计算公式】

- 营业增长率。计算公式：本期营业增长额 / 上年同期营业收入总额
- 资本积累率。计算公式：本期所有者权益增长额 / 年初所有者权益
- 总资产增长率。计算公式：本期总资产增长额 / 年初资产总额
- 固定资产成新率。计算公式：平均固定资产净值 / 平均固定资产原值

 情景图任务的参考答案线索和思路都隐含在情景图和任务纸中，请根据问题用手机自查资料或案例，各团队按抽签顺序上台讲解、答辩和互动。

第二模块：创业运营基础技能训练之4

《财务分析基础技能》
翻转课堂情景图任务 B

参见第42页翻转课堂情景图，根据实际情况选择任务，在团队讨论基础上，成员分工合作，在任务纸或大画纸上完成。

■ 经济损益表（利润表） 参见第42页情景图D，完成以下任务：
1. 举例阐述：什么是企业经营损益表？
2. 举例阐述：企业经营损益表包括哪些主要项目？

■ 资产负债表 参见第42页情景图E，完成以下任务：
1. 举例阐述：什么是资产负债表？资产负债表包括了哪些主要内容？
2. 举例阐述：企业资产包括哪些主要内容？
3. 举例阐述：企业负债包括哪些主要内容？
4. 举例阐述：企业所有者权益包括哪些主要内容？

■ 财务分析主要指标 参见第42页情景图F，完成以下任务：
1. 举例阐述：什么是财务分析指标？
2. 举例阐述：财务分析指标大项和小项包括哪些主要内容？
3. 举例阐述：会计年度和财务年度有哪些异同？

课程思政 团队讨论：
创业人才与人力资源，人才与国家战略发展有什么关联？

"十三五"职业教育国家规划教材

以成果为导向的情景式可视化创新创业训练系统

创新创业课程资源库

案例 ● 教案 ● 音视频 ● PPT课件 ● 电子教材
策划方案 ● 课程思政资料和图片 ● 创业计划书

扫描二维码,学习二十大主要精神

第二模块:

创业运营基础技能训练 之 5

店铺运营基础技能

第二模块：创业运营基础技能训练之 5
店铺运营基础技能

• 情景式翻转课堂图 •

A 线上和线下门店的一些思考

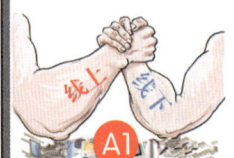 A1  A2 O2O  A3 实体门店会一蹶不振吗？

注：此图在任务A"线上和线下门店的一些思考A2"第2个问题中有提示

A4 a b c d e f g h i j k l m n

B 线上和线下门店的未来在哪里？

 B1 Artificial Intelligence
 B2 Big Data
 B3 Cloud Computing
 B4 BLOCKCHAIN

C 实体门店运营线路

C1 如何从无到有开出一家店？ ● 确定商圈 ● 门店选址 ● 门店租赁 ● 门店装修 ● 门店采购 ● 门店陈列 ● 门店开业策划

C2 如何让单家门店产生业绩？ ● 门店导购模块 ● 门店销售模块 ● 五星级店长模块

C3 如何让已有业绩的单家门店以连锁的方式实现快速复制？ ● 连锁定位 ● 连锁系统 ● 连锁流程 ● 直营连锁 ● 特许经营

D 线上店铺运营5要素

 D1
 D2
 D3

产品/商品：通过品质与价格增加购买率
服务：好服务提高声誉
市场营销：引流，增加访问量

 D4 店铺管理：通过视觉营销增加页面浏览量和访问深度
 D5 关系维护：通过增加回访率及口碑营销等进行关系维护

E 线上店铺善用视觉营销增进运营

E1 店铺设计
E2 优化店铺结构（风格统一、注重体验、容易使用、突出产品、促销活动、推广实效、消费变化、产品结构）
E3 提升店铺 访问深度 用户粘度
E4 提升品牌形象

好的店铺设计要达到的效果
● 提升信任度 ● 增加访问页面数
● 提高易用性 ● 增加易用性

F 淘宝流量分类

F1 极品流量
● 搜索引擎带来的流量，如百度、谷歌、搜狗等
● 关键词直通车，如"**跑步鞋男鞋"
● 自主访问流量

这些流量都是老客户或者是线下品牌的用户，以及对品牌带有好感的人或者有明确购买需求的用户带来的，拥有极高的转化率。例：直通车定向推广流量，定向推广是根据买家的搜索习惯、消费习惯、购物习惯、能承受的价格、购物需求等进行投放的，拥有极高的精准性。

F2 上等流量
淘宝促销活动流量，如"聚划算"等"全站搜索"+"频道搜索"
站内搜索（直通车）
论坛直投流量

淘宝店铺做促销活动引入流量时，店通常会有一个性价比很高的折扣力度，这样买家的购物欲就会被激发，因此拥有很高的转化率。这些促销活动的流量通常非常大，如果服务质量好的话，这些流量将会变成老客户流量。顾客有了购物需求去搜索的流量拥有高度的精准性，所以转化率非常高。

F3 站外免费推广流量
如个人主页、小软件等能引入部分流量，但转化率比较低。

G 影响线上店铺单品转换的主要因素

 G1 店铺活动
 G2 模特图
 G3 产品图
 （空）
 G4 细节图（近距离展示产品亮点）
 G5 参数描述（帮助用户选择适合的型号）
 G6 搭配单品、新品推荐、物流、退换货和导购信息

H 互联网生态圈

为了促使企业在边际效应低的互联网进一步发展，防范竞争对手，培育新的盈利点，通过并购、联盟、开放等形式，横向进行扩张，纵向进行深化，建立起一个可良性循环发展的商业竞争体系。互联网未来的竞争在相当程度上就是生态圈的竞争。

实体门店运营导入

【问题聚焦】

实体门店运营面临三大问题：(1) 所有的实体门店都面临门店租金不断增加、人工成本普遍提升的压力。经营成本过高，是所有实体门店之痛。(2) 实体门店经常采用地推、团购这两种营销方式，但因这两种方式更多是等顾客主动上门，营销效果都是比较有限的。因此，实体门店缺乏其他更有效的、能够积极主动拓客的营销方式。(3) 顾客复购难，常规的售后服务很难留下更多的顾客。如何把"头回客"变为"回头客"是实体门店在营销和服务中需要格外重视和解决的问题。

【实体门店运营主要工作】

实体门店运营是指经营管理者透过一些硬指标及软指标对实体门店运营的各项工作进行的培训、督导、考核、奖惩等一系列经营管理活动，是一个实体门店必不可少的重要组成部分。

● 服务管理。现代社会无论哪一个行业，门店经营者都比较注重顾客整体体验，因此在门店服务上一定要向顾客呈现周到、细心、耐心的服务，使顾客从"头回客"成为"回头客"，并使"回头客"成为忠实的顾客。

● 效率管理。为顺应现代人工作生活快节奏，实体门店要不断简化产品操作流程，缩短顾客等待时间，使顾客能快速有效地接触到产品，并通过高效的现场体验打动顾客。

● 成本管理。成本管理与实体门店盈利息息相关，在门店成本管理方面要进行严格的把控，以实现门店的长久运营。

● 品质管理。在门店管理中对产品的品质要实现有效把控。对于连锁门店，更要严格按照连锁总部的管理制度和流程进行品质管理，严把产品质量关。

● 宣传管理。良好的宣传促销活动在一定时期能拉动实体门店的日营业额，实体门店的经营者和管理者要根据不同季节制定不同专题的宣传方案，以吸引顾客到门店进行消费。

 情景图任务的参考答案线索和思路都隐含在情景图和任务纸中，请根据问题用手机自查资料或案例，各团队按抽签顺序上台讲解、答辩和互动。

第二模块：创业运营基础技能训练之5

《店铺运营基础技能》
翻转课堂情景图任务 A

参见第46页翻转课堂情景图，根据实际情况选择任务，在团队讨论基础上，成员分工合作，在任务纸或大画纸上完成。

■ 线上和线下门店的一些思考　参见第46页情景图A，完成任务：

1. 举例阐述：线上店铺和线下门店"掰手腕"，你认为结果如何？
2. 举例阐述：什么是O2O？你认为O2O有未来吗？
3. 举例阐述：在高昂的租金和电商的冲击下，实体门店会一蹶不振吗？
4. 在A4图中找出5个互联网大佬谐音的名字，将字母编号组合写下来，并选出其中的一位描述其主要成就。

■ 线上和线下门店的未来在哪里？

参见第46页情景图B，完成以下任务：

1. 举例阐述：什么是AI人工智能？AI人工智能同线上和线下门店的未来有什么关联性？
2. 举例阐述：什么是大数据？大数据同线上和线下门店的未来有什么关联性？
3. 举例阐述：什么是云计算？云计算同线上和线下门店的未来有什么关联性？
4. 举例阐述：什么是区块链？区块链同线上和线下门店的未来有什么关联性？

■ 实体门店运营线路　参见第46页情景图C，完成以下任务：

1. 可以通过哪些途径找到情景式可视化教材《实体经营》？
2. 举例阐述：开一家实体店有哪些主要步骤？
3. 举例阐述：通过哪些模块的学习和训练，能让已开出的单家门店产生业绩？
4. 举例阐述：哪些模式能让有业绩的单家门店实现快速复制？

线上店铺运营

【问题聚焦】

一个线上店铺要持续良性运营，必须解决好三大问题：(1)要有一个精准店铺定位，清晰的店铺定位能带来最精准的流量。(2)要保持店铺的活跃度。店铺的活跃度，直接影响顾客粘度，保持线上店铺的持续活跃度对店铺的正常运营非常重要。(3)要控制好产品和线上店铺运营成本。产品和线上店铺运营成本直接影响到产品的定价，在同类产品中，如果成本过高导致定价过高，不仅会增加产品的销售难度，也会影响店铺的持续发展。

【如何进行线上店铺运营】

● 重视运营数据。了解一个店铺运营情况的关键是看运营数据，店铺经营者除了做日常运营工作之外，还需要通过店铺经营数据了解运营现状，做出相应的分析方案。每个人分析数据的角度可能都不一样，但是必须要清楚地知道进行数据分析的目的是什么，只有明确了目的，店铺数据分析才更有针对性。

● 懂得如何对产品进行规划。店铺的经营者在运营店铺时需要对产品进行一定的规划，搭建好店铺产品销售框架。一个优秀的店铺通常是由几款爆款商品和一些销量一般的商品组成。店铺运营一般会利用爆款的产品对店铺进行引流，以此增加店铺销量和利润。

● 重视产品的库存。对于网店商家来说，一定要掌握好店铺的库存量。在遇到"双十一""双十二"等大促时，需要提前做好店铺的备货方案，与厂家交接好订货量和订货的周期。这样既能避免因销量过高可能导致的缺货，也可以避免因压货可能带来的损失。

● 注重用户的体验。店铺经营者想提高产品复购率，除了重视产品品质之外，还需了解用户的喜好。选择大众需要的产品进行大量的促销推广，以此来打造一个爆款产品。

● 利用自身拥有的渠道做店铺宣传推广。主要推广方式有：(1)软文推广，通过用户点击实现推广目的。(2)微信群、QQ群推广，发布商品信息和各种优惠活动吸引消费者。(3)参加网店所属的平台活动，通过优惠、抽奖等形式达到推广目的。(4)通过网络媒介经营属于自己的公众号、微博、朋友圈等。(5)论坛推广。(6)邀请一些名人代言，或通过网红直播、录制小视频等方式宣传推广店铺。

 情景图任务的参考答案线索和思路都隐含在情景图和任务纸中，请根据问题用手机自查资料或案例，各团队按抽签顺序上台讲解、答辩和互动。

第二模块：创业运营基础技能训练之5

《店铺运营基础技能》
翻转课堂情景图任务 B

参见第46页翻转课堂情景图，根据实际情况选择任务，在团队讨论基础上，成员分工合作，在任务纸或大画纸上完成。

■ 线上店铺运营5要素　参见第46页情景图D，完成以下任务：
1. 举例阐述：线上店铺运营5要素分别是什么？
2. 结合团队项目或实际案例，在线上店铺运营5要素中找出你认为最重要的一个，并展开阐述。

■ 线上店铺善用视觉营销增进运营
参见第46页情景图E，完成以下任务：
1. 举例阐述：为什么线上店铺设计要以视觉营销为导向？店铺设计有哪些要求？
2. 举例阐述：如何通过优化线上店铺结构去提升店铺访问深度和用户黏度？
3. 举例阐述：好的线上店铺设计可以达到哪些效果？

■ 淘宝流量分类　参见第46页情景图F，完成以下任务：
1. 举例阐述：淘宝"极品流量"包括哪些？如何有效应用？
2. 举例阐述：淘宝"上等流量"包括哪些？如何有效应用？
3. 举例阐述：转换率比较低的"站外免费推广流量"是"鸡肋"吗？

■ 影响线上店铺单品转换的主要因素
参见第46页情景图G，完成以下任务：
1. 举例阐述：影响线上店铺单品转换的主要因素有哪些？这些要素之间有什么关联性？
2. 举例阐述：什么是互联网生态圈？互联网生态圈对线上相同业态店铺之间的竞争有什么影响？

"十三五"职业教育国家规划教材

以成果为导向的情景式可视化创新创业训练系统

第三模块：
创业技能情景游戏 之 1

本书2个游戏参考和部分引用《SYB创办和改善你的企业游戏教师手册》相关内容
（《 SYB创办和改善你的企业游戏教师手册 》　国际劳工组织北京局编写
中国劳动社会保障出版社　2013年6月第7次印刷　ISBN 978-7-5045-7259-2 ）

企业月度运营周期

（4学时）

创新创业课程资源库

案例 ● 教案 ● 音视频 ● PPT课件 ● 电子教材
策划方案 ● 课程思政资料和图片 ● 创业计划书

扫描二维码，学习二十大主要精神

50

第三模块：创业情景游戏之1
企业月度运营周期

GAME ONE

企业月度运营周期游戏 线索图

游戏场地示意图
分3个小组，每组8-16人

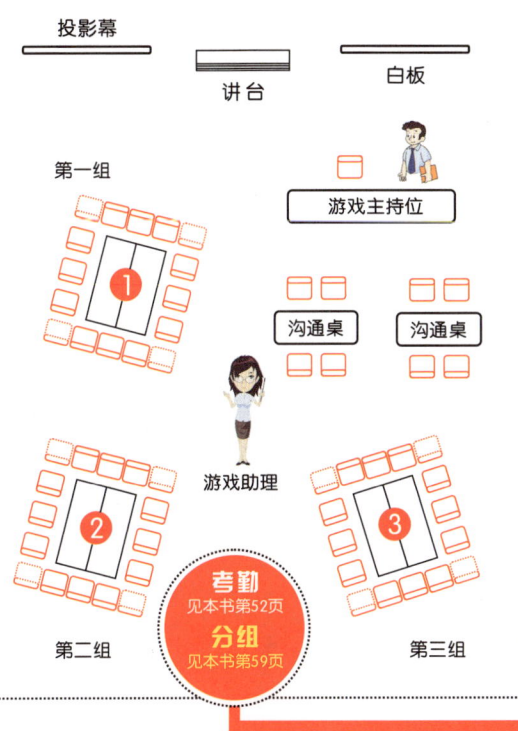

组❶ 组❷ 组❸

任务：生产转运风车 PK 经营业绩

组建公司 → 设定经营目标 → 了解生产工艺
见本书第69页　　见本书第70页　　见本书第60页

各小组按游戏主持人要求裁剪游戏纸币和原料纸
见本书第53-58页、第61-68页，游戏主持人签字盖章后生效（防伪）

按《企业运营周期与现金流变化循环图》及辅助工具运作游戏
见本书第71、72、73、74、75页相关图表

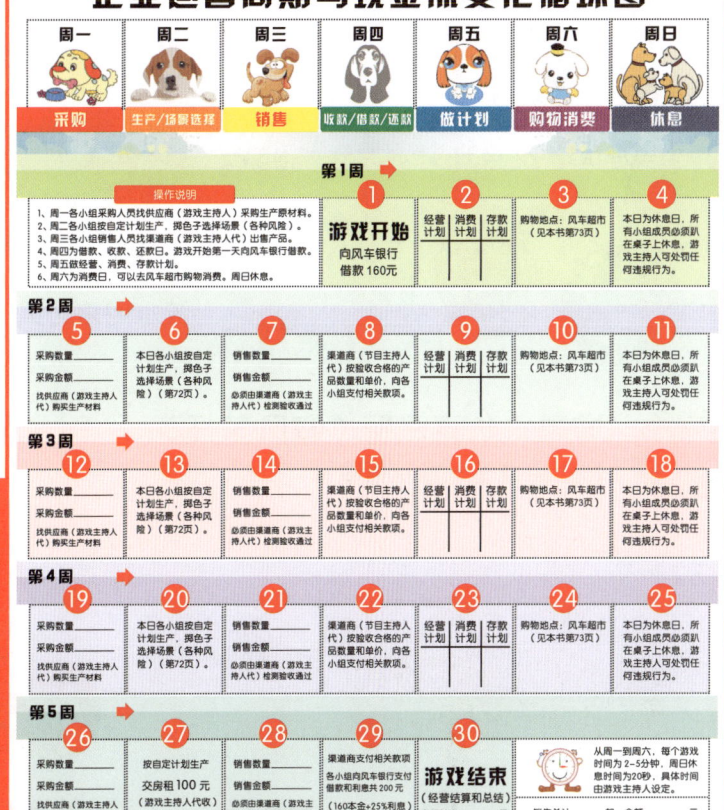

操作要点
- 各组在游戏开始的第一天从风车银行借款160元。这笔借款将于29日连本带息还给银行，还款总额为200元。
- 各组需租赁厂房用于生产和办公，27日付100元房租。
- 各组从原料供应商处以40元的价格购买一套风车材料回来进行组装生产，以80元一架风车的价格卖给渠道商。
- 渠道商不限量购买，但成品风车需通过渠道商检测。
- 风车银行、材料供应商、渠道经销商、风车超市收银员角色均由游戏主持人扮演，游戏助理协助完成。

《企业月度运营周期游戏》完成后，各小组在小组负责人带领下进行总结，并上台分享经验和体会。
参考本书第76页的相关问题引导，但体验和分享不限于这些问题和内容，站在不同的角度各抒己见，呈现精彩。

第三模块：创业情景游戏之 1
企业月度运营周期

GAME ONE

实到人员：

迟到人员：
旷课人员：
请假人员：

道具与工具 提前准备

A1
道具：色子
每小组准备色子1-2个

A2
工具：胶水
胶水用来粘风车

A3
工具：剪刀
剪刀用来裁纸或辅助制作现场相关道具，每小组至少准备一把剪刀

A5
道具：长直吸管（做风车杆）
每小组准备一包长直吸管

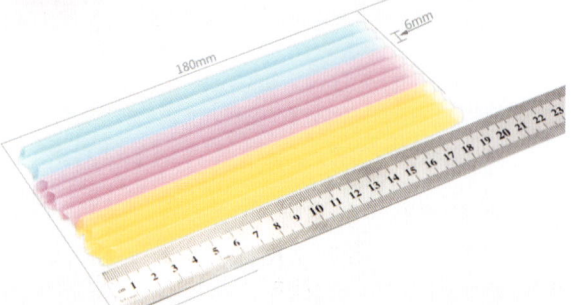

A4
道具：纸张
A4纸2张，裁剪后用来制作抓阄用的折叠纸条

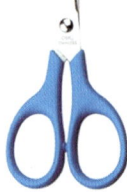
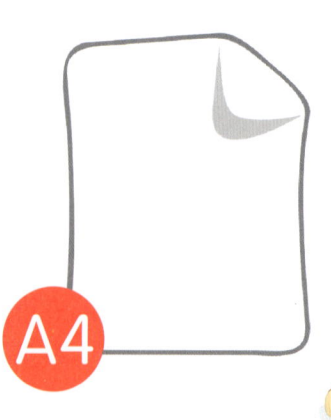

A6

道具：圆图钉
固定吸管（风车杆）
每小组准备一盒图钉

第三模块：创业情景游戏之1
企业月度运营周期

GAME ONE

游戏周转币

游戏开始前，将长方形游戏周转币沿四边虚线剪下。

每小组收集10张50元，10张20元，50张10元游戏周转币交给游戏主持人。

有破损或裁剪不规范的游戏周转币为废币。

游戏主持人签字或盖章的游戏周转币方能在游戏中使用。

游戏开始前，将长方形游戏周转币沿四边虚线剪下。

每小组收集10张50元，10张20元，50张10元游戏周转币交给游戏主持人。

有破损或裁剪不规范的游戏周转币为废币。

游戏主持人签字或盖章的游戏周转币方能在游戏中使用。

游戏开始前，将长方形游戏周转币沿四边虚线剪下。

每小组收集10张50元，10张20元，50张10元游戏周转币交给游戏主持人。

有破损或裁剪不规范的游戏周转币为废币。

游戏主持人签字或盖章的游戏周转币方能在游戏中使用。

 **温馨提示** 在使用游戏周转币前，请先分出3个小组，分小组的方法和每个小组要求的人数，见本书第59页《游戏前分组》。3个小组都生产风车。

第三模块：创业情景游戏之 1
企业月度运营周期

GAME ONE

游戏周转币

游戏开始前，将长方形游戏周转币沿四边虚线剪下。

每小组收集 10 张 50 元，10 张 20 元，50 张 10 元游戏周转币交给游戏主持人。

有破损或裁剪不规范的游戏周转币为废币。

游戏主持人签字或盖章的游戏周转币方能在游戏中使用。

游戏开始前，将长方形游戏周转币沿四边虚线剪下。

每小组收集 10 张 50 元，10 张 20 元，50 张 10 元游戏周转币交给游戏主持人。

有破损或裁剪不规范的游戏周转币为废币。

游戏主持人签字或盖章的游戏周转币方能在游戏中使用。

游戏开始前，将长方形游戏周转币沿四边虚线剪下。

每小组收集 10 张 50 元，10 张 20 元，50 张 10 元游戏周转币交给游戏主持人。

有破损或裁剪不规范的游戏周转币为废币。

游戏主持人签字或盖章的游戏周转币方能在游戏中使用。

在使用游戏周转币前，请先分出 3 个小组，分小组的方法和每个小组要求的人数，见本书第 59 页《游戏前分组》。3 个小组都生产风车。

第三模块：创业情景游戏之 1

企业月度运营周期

GAME ONE

游戏周转币

游戏开始前，将长方形游戏周转币沿四边虚线剪下。

每小组收集 10 张 50 元，10 张 20 元，50 张 10 元游戏周转币交给游戏主持人。

有破损或裁剪不规范的游戏周转币为废币。

游戏主持人签字或盖章的游戏周转币方能在游戏中使用。

游戏开始前，将长方形游戏周转币沿四边虚线剪下。

每小组收集 10 张 50 元，10 张 20 元，50 张 10 元游戏周转币交给游戏主持人。

有破损或裁剪不规范的游戏周转币为废币。

游戏主持人签字或盖章的游戏周转币方能在游戏中使用。

游戏开始前，将长方形游戏周转币沿四边虚线剪下。

每小组收集 10 张 50 元，10 张 20 元，50 张 10 元游戏周转币交给游戏主持人。

有破损或裁剪不规范的游戏周转币为废币。

游戏主持人签字或盖章的游戏周转币方能在游戏中使用。

 **温馨提示**　在使用游戏周转币前，请先分出 3 个小组，分小组的方法和每个小组要求的人数，见本书第 59 页《游戏前分组》。

55

第三模块：创业情景游戏之 1
企业月度运营周期

GAME ONE

游戏周转币

游戏开始前，将长方形游戏周转币沿四边虚线剪下。

每小组收集 10 张 50 元，10 张 20 元，50 张 10 元游戏周转币交给游戏主持人。

有破损或裁剪不规范的游戏周转币为废币。

游戏主持人签字或盖章的游戏周转币方能在游戏中使用。

游戏开始前，将长方形游戏周转币沿四边虚线剪下。

每小组收集 10 张 50 元，10 张 20 元，50 张 10 元游戏周转币交给游戏主持人。

有破损或裁剪不规范的游戏周转币为废币。

游戏主持人签字或盖章的游戏周转币方能在游戏中使用。

游戏开始前，将长方形游戏周转币沿四边虚线剪下。

每小组收集 10 张 50 元，10 张 20 元，50 张 10 元游戏周转币交给游戏主持人。

有破损或裁剪不规范的游戏周转币为废币。

游戏主持人签字或盖章的游戏周转币方能在游戏中使用。

在使用游戏周转币前，请先分出 3 个小组，分小组的方法和每个小组要求的人数，见本书第 59 页《游戏前分组》。3 个小组都生产风车。

 温馨提示

第三模块：创业情景游戏之 1
企业月度运营周期

GAME ONE

游戏周转币

游戏开始前，将长方形游戏周转币沿四边虚线剪下。

每小组收集 10 张 50 元，10 张 20 元，50 张 10 元游戏周转币交给游戏主持人。

有破损或裁剪不规范的游戏周转币为废币。

游戏主持人签字或盖章的游戏周转币方能在游戏中使用。

游戏开始前，将长方形游戏周转币沿四边虚线剪下。

每小组收集 10 张 50 元，10 张 20 元，50 张 10 元游戏周转币交给游戏主持人。

有破损或裁剪不规范的游戏周转币为废币。

游戏主持人签字或盖章的游戏周转币方能在游戏中使用。

游戏开始前，将长方形游戏周转币沿四边虚线剪下。

每小组收集 10 张 50 元，10 张 20 元，50 张 10 元游戏周转币交给游戏主持人。

有破损或裁剪不规范的游戏周转币为废币。

游戏主持人签字或盖章的游戏周转币方能在游戏中使用。

温馨提示：在使用游戏周转币前，请先分出 3 个小组，分小组的方法和每个小组要求的人数，见本书第 59 页《游戏前分组》。3 个小组都生产风车。

第三模块：创业情景游戏之1
企业月度运营周期

GAME ONE

游戏周转币

游戏开始前，将长方形游戏周转币沿四边虚线剪下。

每小组收集10张50元，10张20元，50张10元游戏周转币交给游戏主持人。

有破损或裁剪不规范的游戏周转币为废币。

游戏主持人签字或盖章的游戏周转币方能在游戏中使用。

游戏开始前，将长方形游戏周转币沿四边虚线剪下。

每小组收集10张50元，10张20元，50张10元游戏周转币交给游戏主持人。

有破损或裁剪不规范的游戏周转币为废币。

游戏主持人签字或盖章的游戏周转币方能在游戏中使用。

游戏开始前，将长方形游戏周转币沿四边虚线剪下。

每小组收集10张50元，10张20元，50张10元游戏周转币交给游戏主持人。

有破损或裁剪不规范的游戏周转币为废币。

游戏主持人签字或盖章的游戏周转币方能在游戏中使用。

在使用游戏周转币前，请先分出3个小组，分小组的方法和每个小组要求的人数，见本书第59页《游戏前分组》。3个小组都生产风车。

 温馨提示

第三模块：创业情景游戏之1
企业月度运营周期

GAME ONE

游戏场地示意图
分3个小组每组 8-16人

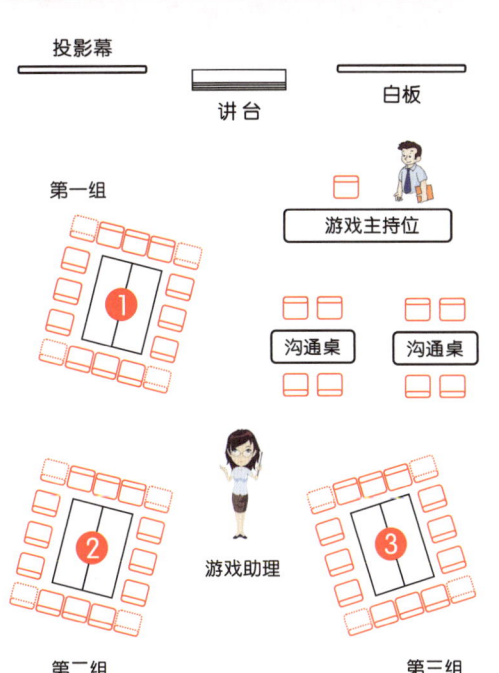

游戏前分组
（分3组）

数字法分组

| 1 | 2 | 3 | 4 | 5 | 6 | 7 | 8 |
| 9 | 10 | 11 | 12 | 13 | 14 | 15 | 16 |

每组人数控制在 8－16 人，根据每组实际人数确定抓阄小纸条的数量，按顺序在每张纸上写一个序号，内折。

将三种方法折叠好的纸条混合在一起，给每一位参加游戏的成员抽取，抽到同一类的成员为同一个小组，以此方法分出三个小组（团队）。

字母法分组

每组人数控制在 8－16 人，根据每组实际人数确定抓阄小纸条的数量。纸内按实际人数依次写英文字母，如单组有 8 人，分成 8 个小纸条，每张纸分别按顺序写上 A－H 8个字母，内折。

| A | B | C | D | E | F | G | H |
| I | J | K | L | M | N | O | P |

天干地支法分组

每组人数控制在 8－16 人，根据每组实际人数确定抓阄小纸条的数量。纸内按实际人数写天干或地支名称（如下图），如单组有 8 人，分成 8 个小纸条，每张纸分别按顺序写上 甲至辛的8个名称，内折。

| 甲 | 乙 | 丙 | 丁 | 戊 | 己 | 庚 | 辛 |
| 子 | 丑 | 寅 | 卯 | 辰 | 巳 | 午 | 未 |

59

第三模块：创业情景游戏之 1
企业月度运营周期

GAME ONE

检测标准
1. 用扇子或用嘴大力吹，风车顺畅转动且不散架。
2. 风车上必须有游戏主持人的签字或盖章，否则为不合格产品。
3. 除以上 2 点外，卖家和买家还可另行约定附加检测标准。

转运风车生产工艺

分成 3 个小组，3 个小组均为生产企业。

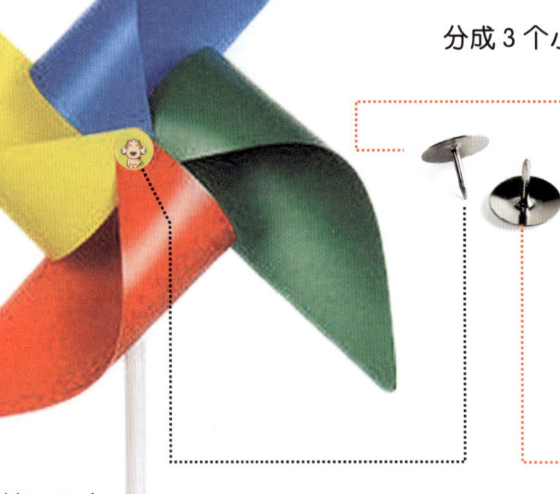

在旅游风景区，转运风车受到普遍欢迎，有着比较广阔的市场前景。

圆图钉从风车正面穿过风车后面的吸管，将风车与风车杆固定在一起。

选一个喜欢的"小狗贴"，沿虚线剪下。风车做成后，贴在中心点的图钉上。

沿虚线剪下，将"4"剪开的角用胶水粘到中心点，没有标虚线的地方不剪。

④

③ 沿虚线剪下，将"3"剪开的角用胶水粘到中心点，没有标虚线的地方不剪。

风车制作平面图

⑤

"1" "2" "3" "4" 分别粘贴好后，将剪好的"小狗"用胶水贴到中心点上。

沿虚线剪下，将"1"剪开的角用胶水粘到中心点，没有标虚线的地方不剪。

①

② 沿虚线剪下，将"2"剪开的角用胶水粘到中心点，没有标虚线的地方不剪。

60

第三模块：创业情景游戏之1
企业月度运营周期

选一个你喜欢的"小狗贴"，沿虚线剪下。风车做成后，贴在中心点图钉上。

以下正方形边框和对角线，沿虚线剪下，没有标虚线的地方不剪。

签字或盖章生效

将四色正方形沿四边虚线剪下

每小组收集30张交游戏主持人签字或盖章

（有破损或裁剪不规范等情况为无效）

游戏主持人按数量收齐每组四色正方形彩纸后，入库待用

第三模块：创业情景游戏之1
企业月度运营周期

GAME ONE

 选一个你喜欢的小狗，沿虚线剪下。风车做成后，贴在中心点。

 以下正方形边框和对角线，沿虚线剪下，没有标虚线的地方不剪。

签字或盖章生效

将四色正方形沿四边虚线剪下

每小组收集30张交游戏主持人签字或盖章

（有破损或裁剪不规范等情况为无效）

游戏主持人按数量收齐每组四色正方形彩纸后，入库待用

第三模块：创业情景游戏之 1
企业月度运营周期

选一个你喜欢的小狗，沿虚线剪下。风车做成后，贴在中心点。

以下正方形边框和对角线，沿虚线剪下，没有标虚线的地方不剪。

签字或盖章生效

将四色正方形沿四边虚线剪下

每小组收集30张交游戏主持人签字或盖章

（有破损或裁剪不规范等情况为无效）

游戏主持人按数量收齐每组四色正方形彩纸后，入库待用

第三模块：创业情景游戏之1
企业月度运营周期

GAME ONE

选一个你喜欢的小狗，沿虚线剪下。风车做成后，贴在中心点。

以下正方形边框和对角线，沿虚线剪下，没有标虚线的地方不剪。

签字或盖章生效

将四色正方形沿四边虚线剪下

每小组收集30张交游戏主持人签字或盖章

（有破损或裁剪不规范等情况为无效）

游戏主持人按数量收齐每组四色正方形彩纸后，入库待用

第三模块：创业情景游戏之1
企业月度运营周期

GAME ONE

选一个你喜欢的小狗，沿虚线剪下。风车做成后，贴在中心点。

以下正方形边框和对角线，沿虚线剪下，没有标虚线的地方不剪。

签字或盖章生效

将四色正方形沿四边虚线剪下

每小组收集30张交游戏主持人签字或盖章

（有破损或裁剪不规范等情况为无效）

游戏主持人按数量收齐每组四色正方形彩纸后，入库待用

第三模块：创业情景游戏之1
企业月度运营周期

GAME ONE

 选一个你喜欢的小狗，沿虚线剪下。风车做成后，贴在中心点。

 以下正方形边框和对角线，沿虚线剪下，没有标虚线的地方不剪。

签字或盖章生效

将四色正方形沿四边虚线剪下

每小组收集30张交游戏主持人签字或盖章

（有破损或裁剪不规范等情况为无效）

游戏主持人按数量收齐每组四色正方形彩纸后，入库待用

第三模块：创业情景游戏之1
企业月度运营周期

GAME ONE

选一个你喜欢的小狗，沿虚线剪下。风车做成后，贴在中心点。

以下正方形边框和对角线，沿虚线剪下，没有标虚线的地方不剪。

签字或盖章生效

将四色正方形沿四边虚线剪下

每小组收集30张交游戏主持人签字或盖章

（有破损或裁剪不规范等情况为无效）

游戏主持人按数量收齐每组四色正方形彩纸后，入库待用

第三模块：创业情景游戏之1
企业月度运营周期

选一个你喜欢的小狗，沿虚线剪下。风车做成后，贴在中心点。

以下正方形边框和对角线，沿虚线剪下，没有标虚线的地方不剪。

签字或盖章生效

将四色正方形沿四边虚线剪下

每小组收集30张交游戏主持人签字或盖章

（有破损或裁剪不规范等情况为无效）

游戏主持人按数量收齐每组四色正方形彩纸后，入库待用

第三模块：创业情景游戏之 1
企业月度运营周期

GAME ONE

公司起名 分好组后，经小组讨论后填写：

经营宗旨 分好组后，经小组讨论后填写：

公司口号 分好组后，经小组讨论后填写：

组织架构图与角色分工 分好组后，经小组讨论后画出：

第三模块：创业情景游戏之 1
企业月度运营周期

GAME ONE

设定经营目标

公司名称	产品名称	拟定月目标（拟定的计划）			实际达成的月目标（实际完成的情况）		
		生产数量	生产成本	销售金额	生产数量	生产成本	销售金额

备注

其他
思考：

第三模块：创业情景游戏之 1
企业月度运营周期

GAME ONE

企业运营周期与现金流变化循环图

周一	周二	周三	周四	周五	周六	周日

采购	生产/场景选择	销售	收款/借款/还款	做计划	购物消费	休息

第1周 →

操作说明
1、周一，各小组采购人员找供应商（游戏主持人）采购生产原材料。
2、周二，各小组按自定计划生产，掷色子选择场景（各种风险）。
3、周三，各小组销售人员找渠道商（游戏主持人代）出售产品。
4、周四为借款、收款、还款日。游戏开始第一天向风车银行借款。
5、周五做经营、消费、存款计划。
6、周六为消费日，可以去风车超市购物消费。周日休息。

① 游戏开始 向风车银行借款160元

② 经营计划 | 消费计划 | 存款计划

③ 购物地点：风车超市（见本书第73页）

④ 本日为休息日，所有小组成员必须趴在桌子上休息，游戏主持人可处罚任何违规行为。

第2周 →

⑤ 采购数量____ 采购金额____ 找供应商（游戏主持人代）购买生产材料

⑥ 各小组按自定计划生产，掷色子选择场景（各种风险）（见第72页）。

⑦ 销售数量____ 销售金额____ 必须由渠道商（游戏主持人代）检测验收通过

⑧ 渠道商（游戏主持人代）按验收合格的产品数量和单价，向各小组支付相关款项。

⑨ 经营计划 | 消费计划 | 存款计划

⑩ 购物地点：风车超市（见本书第73页）

⑪ 本日为休息日，所有小组成员必须趴在桌子上休息，游戏主持人可处罚任何违规行为。

第3周 →

⑫ 采购数量____ 采购金额____ 找供应商（游戏主持人代）购买生产材料

⑬ 各小组按自定计划生产，掷色子选择场景（各种风险）（见第72页）。

⑭ 销售数量____ 销售金额____ 必须由渠道商（游戏主持人代）检测验收通过

⑮ 渠道商（游戏主持人代）按验收合格的产品数量和单价，向各小组支付相关款项。

⑯ 经营计划 | 消费计划 | 存款计划

⑰ 购物地点：风车超市（见本书第73页）

⑱ 本日为休息日，所有小组成员必须趴在桌子上休息，游戏主持人可处罚任何违规行为。

第4周 →

⑲ 采购数量____ 采购金额____ 找供应商（游戏主持人代）购买生产材料

⑳ 各小组按自定计划生产，掷色子选择场景（各种风险）（见第72页）。

㉑ 销售数量____ 销售金额____ 必须由渠道商（游戏主持人代）检测验收通过

㉒ 渠道商（游戏主持人代）按验收合格的产品数量和单价，向各小组支付相关款项。

㉓ 经营计划 | 消费计划 | 存款计划

㉔ 购物地点：风车超市（见本书第73页）

㉕ 本日为休息日，所有小组成员必须趴在桌子上休息，游戏主持人可处罚任何违规行为。

第5周 →

㉖ 采购数量____ 采购金额____ 找供应商（游戏主持人代）购买生产材料

㉗ 按自定计划生产 交房租100元（游戏主持人代收）

㉘ 销售数量____ 销售金额____ 必须由渠道商（游戏主持人代）检测验收通过

㉙ 渠道商支付相关款项 各小组向风车银行支付借款和利息共200元（160本金+25%利息）

㉚ 游戏结束（经营结算和总结） 实际结余：____元

从周一到周六，每个游戏时间为2-5分钟，周日休息时间为20秒，具体时间由游戏主持人设定。

销售总计：____架；金额：____元

第三模块：创业情景游戏之 1
企业月度运营周期

GAME ONE

先选场景类别，再选具体场景

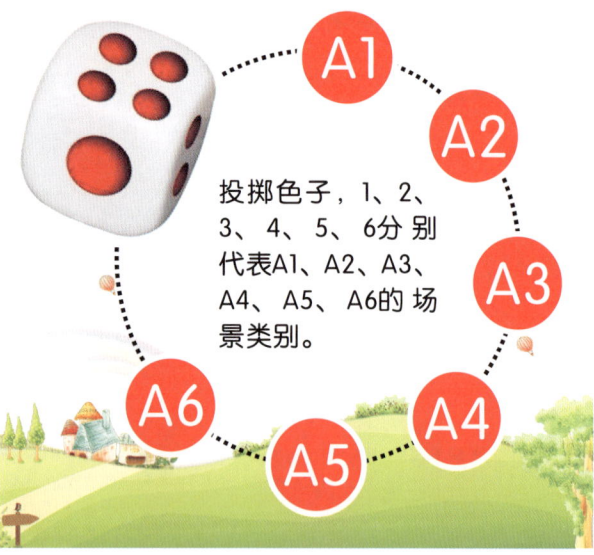

投掷色子，1、2、3、4、5、6分别代表A1、A2、A3、A4、A5、A6的场景类别。

如何选择场景？

游戏场景配合《企业运营周期与现金流变化循环图》，在周二使用，具体见本书第71页《企业运营周期与现金流变化循环图》。

A1 类场景
投掷色子，1、2、3、4、5、6分别为对应的具体场景。选到了空白的场景无需执行。

1 税务人员上门收税 税务人员收取20元产品税	2 产品出现问题 现在花30元为客户维修好	3 为库存产品购买防盗险 支付10元产品防盗保险费
4 原料在洪灾中损毁 价值60元的原材料被洪水冲走	5 大雨损毁仓库一部分 需花50元修复损毁的仓库	6 空白

A2 类场景
投掷色子，1、2、3、4、5、6分别为对应的具体场景。选到了空白的场景无需执行。

1 朋友聚会 花30元买食品招待朋友	2 朋友来借钱 借给朋友50元，使用转盘看看朋友会不会还钱	3 自己被狗咬了 花30元去医院找医生治疗
4 犒赏自己 今天工作出色，去风车超市买件东西犒赏自己	5 空白	6 空白

A3 类场景
投掷色子，1、2、3、4、5、6分别为对应的具体场景。选到了空白的场景无需执行。

1 为孩子买校服 花30元为孩子买新校服	2 为孩子买食品 如果上周没吃的，现在去风车超市花40元买食品。	3 为孩子买教材 学校开学了，付20元为孩子买教材
4 空白	5 食品支出 如果上周没吃的，现在去风车超市花20元买食品。	6 空白

A4类场景
投掷色子，1、2、3、4、5、6分别为对应的具体场景。选到了空白的场景无需执行。

1 食品支出 如果上周没买吃的，现在去风车超市花10元买食品	2 日用品支出 夏天旅游，花40元买一副太阳眼镜	3 空白
4 饮料支出 外出口渴，花20元买饮料	5 食品支出 如果上周没吃的，现在去风车超市花50元买食品	6 化妆品支出 夏天旅游，花30元买防晒霜

A5类场景
投掷色子，1、2、3、4、5、6分别为对应的具体场景。选到了空白的场景无需执行。

1 被窃 没有存入银行的钱全部被偷了	2 空白	3 食品支出 如果上周没吃的，现在去风车超市花40元买食品。
4 食品支出 如果上周买食品没达到20元，现在还需要花30元购买食品。	5 食品支出 如果上周买食品没达到30元，现在还需要花40元购买食品。	6 空白

A6类场景
投掷色子，1、2、3、4、5、6分别为对应的具体场景。选到了空白的场景无需执行。

1 空白	2 朋友生日 朋友生日，去风车超市给你朋友买一个生日蛋糕	3 投资失误 投资失误损失100元
4 借钱给朋友 借给朋友60元，使用转盘看看朋友什么时候还钱	5 空白	6 空白

第三模块：创业情景游戏之 1
企业月度运营周期

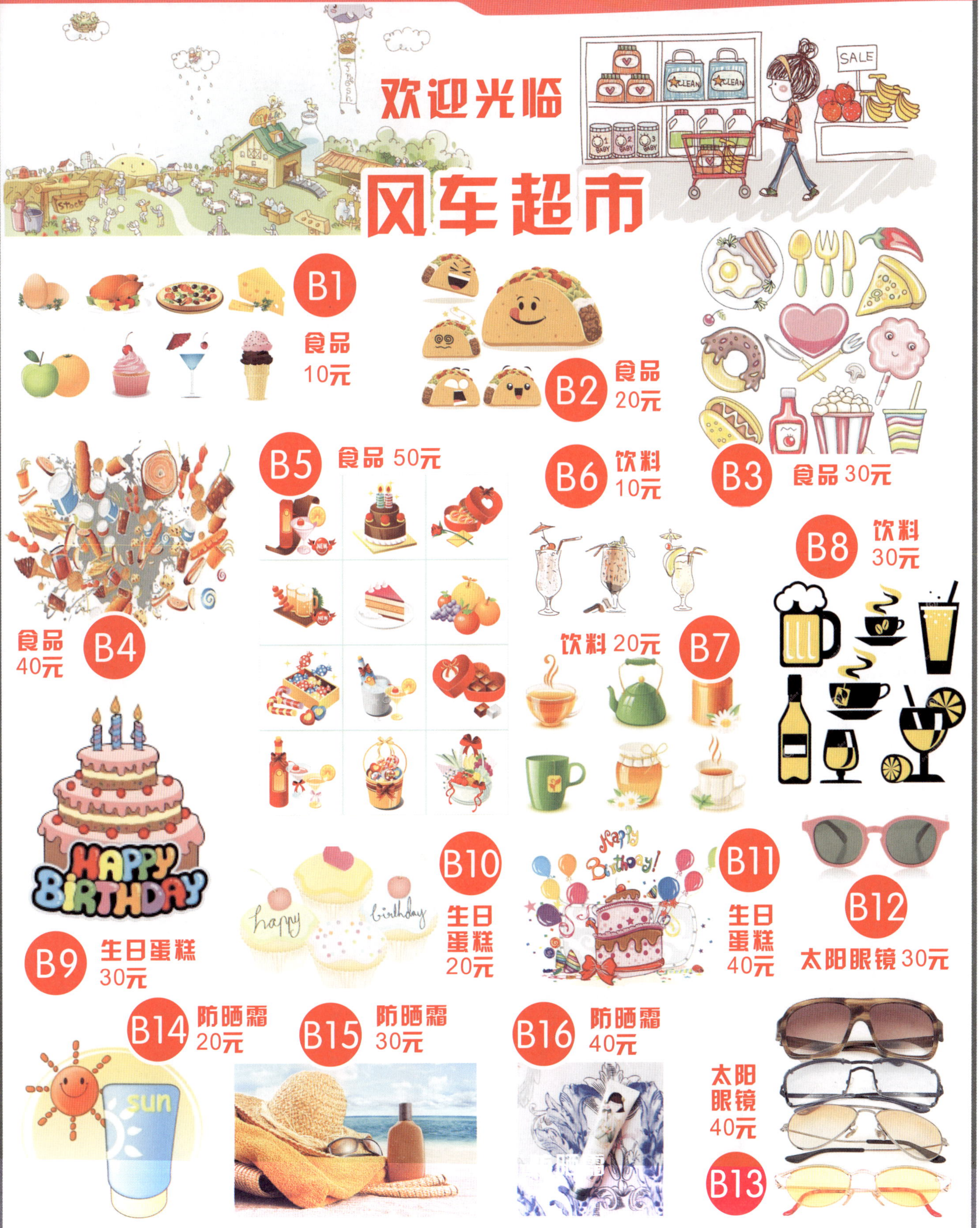

GAME ONE

欢迎光临
风车超市

B1 食品 10元

B2 食品 20元

B3 食品 30元

B4 食品 40元

B5 食品 50元

B6 饮料 10元

B7 饮料 20元

B8 饮料 30元

B9 生日蛋糕 30元

B10 生日蛋糕 20元

B11 生日蛋糕 40元

B12 太阳眼镜 30元

B13 太阳眼镜 40元

B14 防晒霜 20元

B15 防晒霜 30元

B16 防晒霜 40元

73

第三模块：创业情景游戏之 1
企业月度运营周期

GAME ONE

欢迎光临 **风车超市**

看看我们买了哪些东西？

第一周	第二周	第三周	第四周	第五周
记录买了的东西和金额	记录买了的东西和金额	记录买了的东西和金额	记录买了的东西和金额	记录买了的东西和金额
记录买了的东西和金额	记录买了的东西和金额	记录买了的东西和金额	记录买了的东西和金额	记录买了的东西和金额

借出的钱会还吗？

投掷色子，不同的数字对应圆盘上相关内容。

心好累

第三模块：创业情景游戏之 1
企业月度运营周期

GAME ONE

企业月度运营周期游戏记账表

年		摘要	凭证号	现　金			银行存款			销售收入	成　本		
月	日			流入	流出	结余	存入	取出	结余		材料成本	人工成本	其他费用
合计													

企业月度运营周期游戏每周原始数据记录与核对

月内周期	情况描述	拟定周目标（拟定的计划）			实际达成的周目标（实际完成的计划）		
		生产数量	生产成本	销售金额	生产数量	生产成本	销售金额
第一周							
第二周							
第三周							
第四周							
第五周							

第三模块：创业情景游戏之 1
企业月度运营周期

GAME ONE

小组总结

关于销售方面的总结：
1.你所在小组销售了多少架风车？获得了多少利润？

2.你所在小组在销售过程中做了哪些决策？这些决策产生的实际效果如何？

关于经营和消费方面的总结：
1.你所在小组区分企业经营和家庭消费了吗？是如何区分的？

2.企业经营和家庭消费有什么关联性？

关于记账方面的总结：
1.你所在小组有专人记账吗？如何记账的？

2.请从记账的角度分析你所在小组的经营状况。

关于场景卡的使用情况：
1.你所在小组是如何应对意外（风险）的？请举实例说明。

2.你所在小组在遇到意外和困难时有向其他小组求助吗？如果有，实际情况如何？如果没有，为什么？

其他思考：

1.你在小组中扮演什么角色？组员们对你扮演的角色评价如何？

2.举例阐述：你具备哪些经营能力或经营潜质？

76

第三模块：创业情景游戏之 1
企业月度运营周期

GAME ONE

企业月度运营周期游戏
意见反馈表

团队_____ 姓名_____

年　月　日

我喜欢的环节和内容：

我不喜欢的环节和内容：

我不理解的环节和内容：

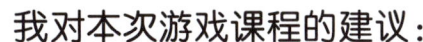

我学到的最重要的环节和内容：

我对本次游戏课程的建议：

77

"十三五"职业教育国家规划教材

以成果为导向的情景式可视化创新创业训练系统

第三模块：
创业技能情景游戏之 2

本书2个游戏参考和部分引用了《SYB创办和改善你的企业游戏教师手册》相关内容
（《SYB创办和改善你的企业游戏教师手册》 国际劳工组织北京局编写
中国劳动社会保障出版社 2013年6月第7次印刷 ISBN 978-7-5045-7259-2）

供给与需求动态平衡
（4学时）

创新创业课程资源库
案例 ● 教案 ● 音视频 ● PPT课件 ● 电子教材
策划方案 ● 课程思政资料和图片 ● 创业计划书
扫描二维码，学习二十大主要精神

第三模块：创业技能情景游戏之 2
供给与需求动态平衡

GAME TWO

供给与需求动态平衡游戏 线索图

游戏场地示意图
分成3个小组，每组 8-16 人

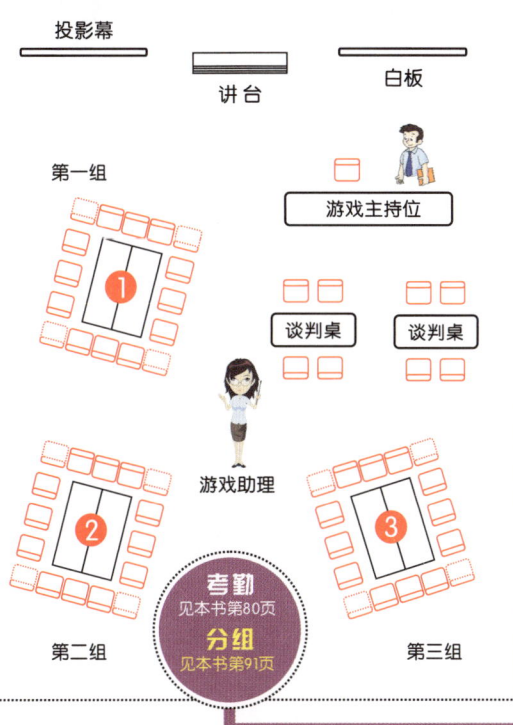

组 1 零售商　**组 2** 制造商　**组 3** 制造商

任务：预测供给与需求 PK 经营业绩

组建公司 → 设定经营目标 → 了解生产工艺
见本书第101页　　见本书第102页　　见本书第92页

各小组按游戏主持人要求裁剪游戏纸币和原料纸
见本书第81～90、93～100页，游戏主持人签字盖章后生效（防伪）

按《供给与需求动态平衡变化循环图》及辅助工具运作游戏
见本书第103、104、105、106、107页相关图表

供给与需求动态平衡变化循环图

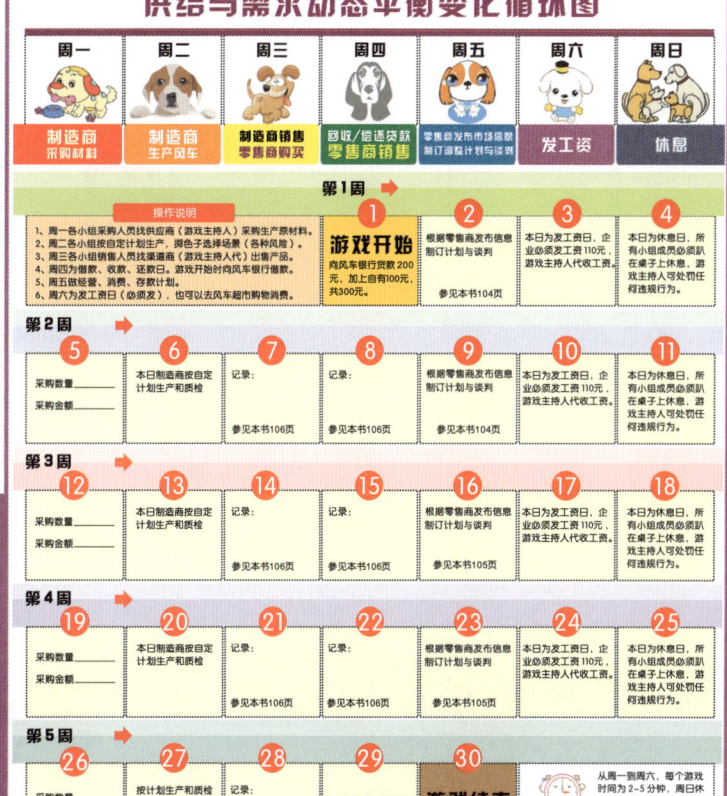

操作要点

- 各组在游戏开始的第一天从风车银行获得200元贷款。这笔贷款将于29日连本带息还给银行，还款总额为250元。
- 各组需租赁场地生产和办公，27日付100元房租。
- 制造商从原料供应商处以40元一套的价格购买材料回来进行组装生产，以80元一架风车的价格卖给官方经销商（限3架）；制造商可以90元一架的价格供货给赊销市场（不限量，但有钱收不回来的风险）；制造商也可按市场价格卖给零售商（市场价格是波动的，详见本书第104、105页）。
- 风车银行、原料供应商、官方渠道商、赊欠市场收购方的角色均由游戏主持人扮演，游戏助理协助完成。

《供给与需求动态平衡游戏》完成后，各小组在小组负责人带领下进行总结并上台分享经验和体会。
参考本书第108页的相关问题引导，但体验和分享不限于这些问题和内容，站在不同的角度各抒己见，呈现精彩。

第三模块：创业技能情景游戏之 2
供给与需求动态平衡

GAME TWO

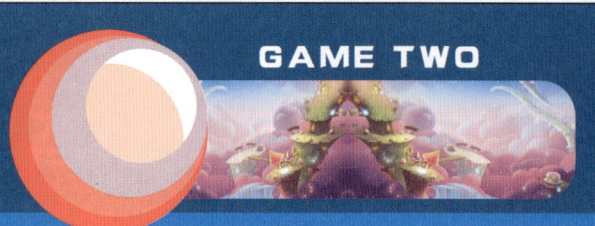

实到人员：

迟到人员：

旷课人员：

请假人员：

道具与工具 提前准备

A1

道具：色子
每小组准备小色子1-2个

A2

工具：胶水
胶水用来粘风车

A3 ### 工具：剪刀
剪刀用来裁纸或辅助制作现场相关道具。每小组至少准备一把剪刀。

A5

道具：长直吸管（做风车杆）
每小组准备一包长直吸管

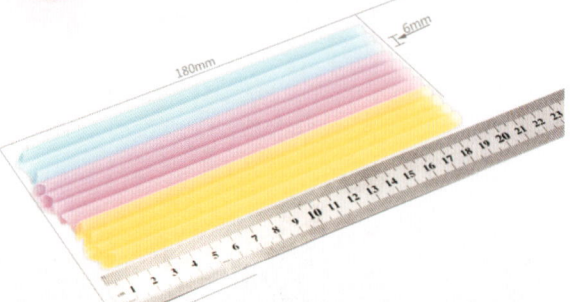

A4

道具：纸张
A4纸2张，裁剪后用来制作抓阄用的折叠纸条

A6

道具：圆图钉
固定吸管（风车杆）
每小组准备一盒图钉

第三模块：创业技能情景游戏之 2
供给与需求动态平衡

GAME TWO

游戏周转币

游戏开始前，将长方形游戏周转币沿四边虚线剪下。

各组收集 10 张 50 元，10 张 20 圆，50 张 10 元、5 元 2 元 1 元各 16 张游戏币交游戏主持人。

有破损或裁剪不规范的游戏周转币为废币。

游戏主持人签字或盖章的游戏周转币方能在游戏中使用。

游戏开始前，将长方形游戏周转币沿四边虚线剪下。

各组收集 10 张 50 元，10 张 20 圆，50 张 10 元、5 元 2 元 1 元各 16 张游戏币交游戏主持人。

有破损或裁剪不规范的游戏周转币为废币。

游戏主持人签字或盖章的游戏周转币方能在游戏中使用。

游戏开始前，将长方形游戏周转币沿四边虚线剪下。

各组收集 10 张 50 元，10 张 20 圆，50 张 10 元、5 元 2 元 1 元各 16 张游戏币交游戏主持人。

有破损或裁剪不规范的游戏周转币为废币。

游戏主持人签字或盖章的游戏周转币方能在游戏中使用。

温馨提示：在使用游戏周转币前，请先分出 3 个小组，分小组的方法和每个小组要求的人数，见本书第 91 页《游戏前分组》。1 组为零售商，2 组和 3 组为制造商。

第三模块：创业技能情景游戏之 2
供给与需求动态平衡

GAME TWO

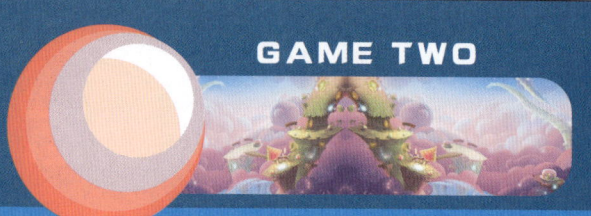

游戏周转币

游戏开始前，将长方形游戏周转币沿四边虚线剪下。

各组收集 10 张 50 元，10 张 20 圆，50 张 10 元、5 元 2 元 1 元各 16 张游戏币交游戏主持人。

有破损或裁剪不规范的游戏周转币为废币。

游戏主持人签字或盖章的游戏周转币方能在游戏中使用。

游戏开始前，将长方形游戏周转币沿四边虚线剪下。

各组收集 10 张 50 元，10 张 20 圆，50 张 10 元、5 元 2 元 1 元各 16 张游戏币交游戏主持人。

有破损或裁剪不规范的游戏周转币为废币。

游戏主持人签字或盖章的游戏周转币方能在游戏中使用。

游戏开始前，将长方形游戏周转币沿四边虚线剪下。

各组收集 10 张 50 元，10 张 20 圆，50 张 10 元、5 元 2 元 1 元各 16 张游戏币交游戏主持人。

有破损或裁剪不规范的游戏周转币为废币。

游戏主持人签字或盖章的游戏周转币方能在游戏中使用。

在使用游戏周转币前，请先分出 3 个小组，分小组的方法和每个小组要求的人数，见本书第 91 页《游戏前分组》。1 组为零售商，2 组和 3 组为制造商。

第三模块：创业技能情景游戏之 2
供给与需求动态平衡

GAME TWO

游戏周转币

游戏开始前，将长方形游戏周转币沿四边虚线剪下。

各组收集 10 张 50 元，10 张 20 圆，50 张 10 元、5 元 2 元 1 元各 16 张游戏币交游戏主持人。

有破损或裁剪不规范的游戏周转币为废币。

游戏主持人签字或盖章的游戏周转币方能在游戏中使用。

游戏开始前，将长方形游戏周转币沿四边虚线剪下。

各组收集 10 张 50 元，10 张 20 圆，50 张 10 元、5 元 2 元 1 元各 16 张游戏币交游戏主持人。

有破损或裁剪不规范的游戏周转币为废币。

游戏主持人签字或盖章的游戏周转币方能在游戏中使用。

游戏开始前，将长方形游戏周转币沿四边虚线剪下。

各组收集 10 张 50 元，10 张 20 圆，50 张 10 元、5 元 2 元 1 元各 16 张游戏币交游戏主持人。

有破损或裁剪不规范的游戏周转币为废币。

游戏主持人签字或盖章的游戏周转币方能在游戏中使用。

 **温馨提示** 在使用游戏周转币前，请先分出 3 个小组，分小组的方法和每个小组要求的人数，见本书第 91 页《游戏前分组》。1 组为零售商，2 组和 3 组为制造商。

第三模块：创业技能情景游戏之 2
供给与需求动态平衡

GAME TWO

游戏周转币

游戏开始前，将长方形游戏周转币沿四边虚线剪下。

各组收集 10 张 50 元，10 张 20 圆，50 张 10 元、5 元 2 元 1 元各 16 张游戏币交游戏主持人。

有破损或裁剪不规范的游戏周转币为废币。

游戏主持人签字或盖章的游戏周转币方能在游戏中使用。

游戏开始前，将长方形游戏周转币沿四边虚线剪下。

各组收集 10 张 50 元，10 张 20 圆，50 张 10 元、5 元 2 元 1 元各 16 张游戏币交游戏主持人。

有破损或裁剪不规范的游戏周转币为废币。

游戏主持人签字或盖章的游戏周转币方能在游戏中使用。

游戏开始前，将长方形游戏周转币沿四边虚线剪下。

各组收集 10 张 50 元，10 张 20 圆，50 张 10 元、5 元 2 元 1 元各 16 张游戏币交游戏主持人。

有破损或裁剪不规范的游戏周转币为废币。

游戏主持人签字或盖章的游戏周转币方能在游戏中使用。

在使用游戏周转币前，请先分出 3 个小组，分小组的方法和每个小组要求的人数，见本书第 91 页《游戏前分组》。1 组为零售商，2 组和 3 组为制造商。

温馨提示

第三模块：创业技能情景游戏之 2
供给与需求动态平衡

GAME TWO

游戏周转币

游戏开始前，将长方形游戏周转币沿四边虚线剪下。

各组收集 10 张 50 元，10 张 20 圆，50 张 10 元、5 元 2 元 1 元各 16 张游戏币交游戏主持人。

有破损或裁剪不规范的游戏周转币为废币。

游戏主持人签字或盖章的游戏周转币方能在游戏中使用。

游戏开始前，将长方形游戏周转币沿四边虚线剪下。

各组收集 10 张 50 元，10 张 20 圆，50 张 10 元、5 元 2 元 1 元各 16 张游戏币交游戏主持人。

有破损或裁剪不规范的游戏周转币为废币。

游戏主持人签字或盖章的游戏周转币方能在游戏中使用。

游戏开始前，将长方形游戏周转币沿四边虚线剪下。

各组收集 10 张 50 元，10 张 20 圆，50 张 10 元、5 元 2 元 1 元各 16 张游戏币交游戏主持人。

有破损或裁剪不规范的游戏周转币为废币。

游戏主持人签字或盖章的游戏周转币方能在游戏中使用。

 **温馨提示** 在使用游戏周转币前，请先分出 3 个小组，分小组的方法和每个小组要求的人数，见本书第 91 页《游戏前分组》。1 组为零售商，2 组和 3 组为制造商。

第三模块：创业技能情景游戏之 2
供给与需求动态平衡

GAME TWO

游戏周转币

游戏开始前，将长方形游戏周转币沿四边虚线剪下。

各组收集 10 张 50元，10 张 20圆，50 张 10元、5元 2元 1元各 16 张游戏币交游戏主持人。

有破损或裁剪不规范的游戏周转币为废币。

游戏主持人签字或盖章的游戏周转币方能在游戏中使用。

游戏开始前，将长方形游戏周转币沿四边虚线剪下。

各组收集 10 张 50元，10 张 20圆，50 张 10元、5元 2元 1元各 16 张游戏币交游戏主持人。

有破损或裁剪不规范的游戏周转币为废币。

游戏主持人签字或盖章的游戏周转币方能在游戏中使用。

游戏开始前，将长方形游戏周转币沿四边虚线剪下。

各组收集 10 张 50元，10 张 20圆，50 张 10元、5元 2元 1元各 16 张游戏币交游戏主持人。

有破损或裁剪不规范的游戏周转币为废币。

游戏主持人签字或盖章的游戏周转币方能在游戏中使用。

在使用游戏周转币前，请先分出 3 个小组，分小组的方法和每个小组要求的人数，见本书第91页《游戏前分组》。1组为零售商，2组和3组为制造商。

温馨提示

第三模块：创业技能情景游戏之 2
供给与需求动态平衡

GAME TWO

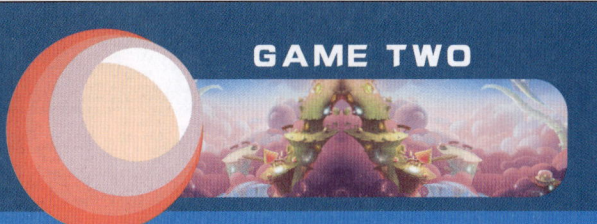

游戏周转币

游戏开始前，将长方形游戏周转币沿四边虚线剪下。

各组收集 10 张 50 元，10 张 20 圆，50 张 10 元、5 元 2 元 1 元各 16 张游戏币交游戏主持人。

有破损或裁剪不规范的游戏周转币为废币。

游戏主持人签字或盖章的游戏周转币方能在游戏中使用。

游戏开始前，将长方形游戏周转币沿四边虚线剪下。

各组收集 10 张 50 元，10 张 20 圆，50 张 10 元、5 元 2 元 1 元各 16 张游戏币交游戏主持人。

有破损或裁剪不规范的游戏周转币为废币。

游戏主持人签字或盖章的游戏周转币方能在游戏中使用。

游戏开始前，将长方形游戏周转币沿四边虚线剪下。

各组收集 10 张 50 元，10 张 20 圆，50 张 10 元、5 元 2 元 1 元各 16 张游戏币交游戏主持人。

有破损或裁剪不规范的游戏周转币为废币。

游戏主持人签字或盖章的游戏周转币方能在游戏中使用。

 **温馨提示**　在使用游戏周转币前，请先分出 3 个小组，分小组的方法和每个小组要求的人数，见本书第 91 页《游戏前分组》。1 组为零售商，2 组和 3 组为制造商。

第三模块：创业技能情景游戏之 2
供给与需求动态平衡

GAME TWO

游戏周转币

游戏开始前，将长方形游戏周转币沿四边虚线剪下。

各组收集 10 张 50 元，10 张 20 圆，50 张 10 元、5 元 2 元 1 元各 16 张游戏币交游戏主持人。

有破损或裁剪不规范的游戏周转币为废币。

游戏主持人签字或盖章的游戏周转币方能在游戏中使用。

游戏开始前，将长方形游戏周转币沿四边虚线剪下。

各组收集 10 张 50 元，10 张 20 圆，50 张 10 元、5 元 2 元 1 元各 16 张游戏币交游戏主持人。

有破损或裁剪不规范的游戏周转币为废币。

游戏主持人签字或盖章的游戏周转币方能在游戏中使用。

游戏开始前，将长方形游戏周转币沿四边虚线剪下。

各组收集 10 张 50 元，10 张 20 圆，50 张 10 元、5 元 2 元 1 元各 16 张游戏币交游戏主持人。

有破损或裁剪不规范的游戏周转币为废币。

游戏主持人签字或盖章的游戏周转币方能在游戏中使用。

在使用游戏周转币前，请先分出 3 个小组，分小组的方法和每个小组要求的人数，见本书第 91 页《游戏前分组》。1 组为零售商，2 组和 3 组为制造商。

 温馨提示

第三模块：创业技能情景游戏之 2
供给与需求动态平衡

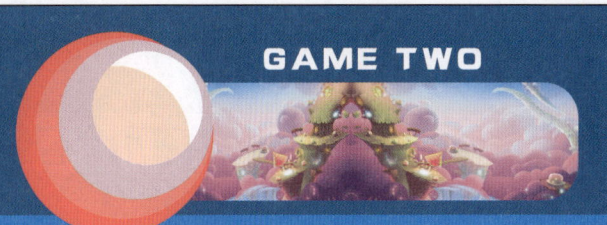

GAME TWO

游戏周转币

游戏周转币 伍圆 5（签字或盖章生效） 游戏周转币 伍圆 5	游戏开始前，将长方形游戏周转币沿四边虚线剪下。 各组收集 10 张 50 元，10 张 20 圆，50 张 10 元、5 元 2 元 1 元各 16 张游戏币交游戏主持人。 有破损或裁剪不规范的游戏周转币为废币。 游戏主持人签字或盖章的游戏周转币方能在游戏中使用。
游戏周转币 贰圆 2（签字或盖章生效） 游戏周转币 贰圆 2	游戏开始前，将长方形游戏周转币沿四边虚线剪下。 各组收集 10 张 50 元，10 张 20 圆，50 张 10 元、5 元 2 元 1 元各 16 张游戏币交游戏主持人。 有破损或裁剪不规范的游戏周转币为废币。 游戏主持人签字或盖章的游戏周转币方能在游戏中使用。
游戏周转币 壹圆 1（签字或盖章生效） 游戏周转币 壹圆 1	游戏开始前，将长方形游戏周转币沿四边虚线剪下。 各组收集 10 张 50 元，10 张 20 圆，50 张 10 元、5 元 2 元 1 元各 16 张游戏币交游戏主持人。 有破损或裁剪不规范的游戏周转币为废币。 游戏主持人签字或盖章的游戏周转币方能在游戏中使用。

温馨提示：在使用游戏周转币前，请先分出 3 个小组，分小组的方法和每个小组要求的人数，见本书第 91 页《游戏前分组》。1 组为零售商，2 组和 3 组为制造商。

第三模块：创业技能情景游戏之 2
供给与需求动态平衡

GAME TWO

 **游戏周转币**

游戏开始前，将长方形游戏周转币沿四边虚线剪下。

各组收集 10 张 50 元，10 张 20 圆，50 张 10 元、5 元 2 元 1 元各 16 张游戏币交游戏主持人。

有破损或裁剪不规范的游戏周转币为废币。

游戏主持人签字或盖章的游戏周转币方能在游戏中使用。

游戏开始前，将长方形游戏周转币沿四边虚线剪下。

各组收集 10 张 50 元，10 张 20 圆，50 张 10 元、5 元 2 元 1 元各 16 张游戏币交游戏主持人。

有破损或裁剪不规范的游戏周转币为废币。

游戏主持人签字或盖章的游戏周转币方能在游戏中使用。

游戏开始前，将长方形游戏周转币沿四边虚线剪下。

各组收集 10 张 50 元，10 张 20 圆，50 张 10 元、5 元 2 元 1 元各 16 张游戏币交游戏主持人。

有破损或裁剪不规范的游戏周转币为废币。

游戏主持人签字或盖章的游戏周转币方能在游戏中使用。

在使用游戏周转币前，请先分出 3 个小组，分小组的方法和每个小组要求的人数，见本书第 91 页《游戏前分组》。1 组为零售商，2 组和 3 组为制造商。

 温馨提示

第三模块：创业技能情景游戏之 2
供给与需求动态平衡

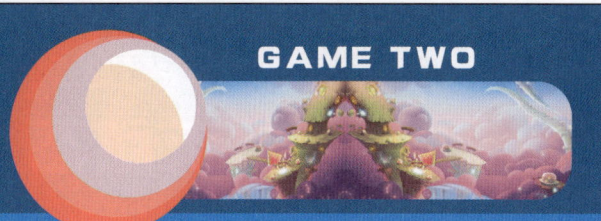

GAME TWO

游戏场地示意图
分成3个小组，每组 8-16 人

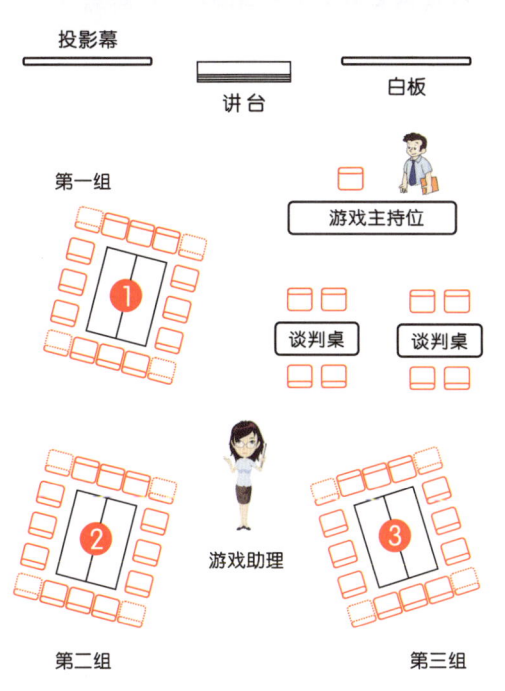

投影幕　讲台　白板
第一组　游戏主持位
谈判桌　谈判桌
游戏助理
第二组　第三组

游戏前分组（分3组）

数字法分组

1	2	3	4	5	6	7	8
9	10	11	12	13	14	15	16

每组人数控制在 8-16 人，根据每组实际人数准备抓阄小纸条的数量。纸内按实际人数依次写一个数字，如每组有 8 人，分成 8 个小纸条，每张纸依次写上 1-8 中的1个数字，内折。

①

将三种方法折叠好的纸条混合在一起，给每一位参加游戏的成员抽取，抽到同一类的成员为同一个小组，以此方法分出三个小组（团队）。

②

字母法分组

每组人数控制在 8-16 人，根据每组实际人数准备抓阄小纸条的数量。纸内按实际人数依次写1个英文字母，如每组有 8 人，分成 8 个小纸条，每张纸依次写上 A-H 中的1个字母，内折。

A	B	C	D	E	F	G	H
I	J	K	L	M	N	O	P

③

天干地支法分组

每组人数控制在 8-16 人，根据每组实际人数准备抓阄小纸条的数量。纸内按实际人数依次写1个天干或地支名称（如下图），如每组有 8 人，分成 8 个小纸条，每张纸依次写上甲至辛中的1个名称，内折。

甲	乙	丙	丁	戊	己	庚	辛
子	丑	寅	卯	辰	巳	午	未

第三模块：创业技能情景游戏之 2
供给与需求动态平衡

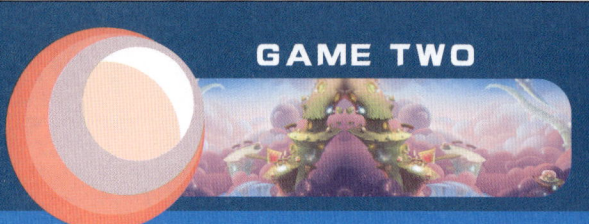

GAME TWO

检测标准
1. 用扇子或用嘴大力吹，风车顺畅转动且不散架。
2. 风车上必须有游戏主持人的签字或盖章，否则为不合格产品。
3. 除以上2点外，卖家和买家还可另行约定附加检测标准。

转运风车生产工艺

分出的3个组，1个组为零售商，其他2组为制造商。

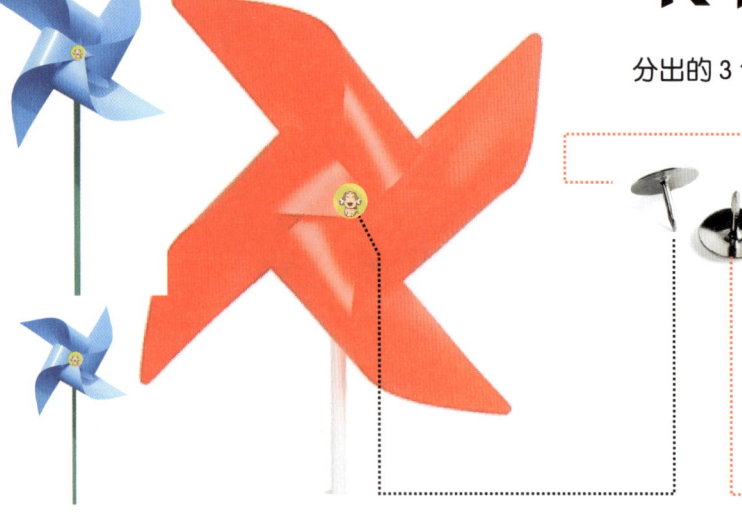

选一个喜欢的"小狗贴"，沿虚线剪下。风车做成后，贴在中心点的图钉上。

在旅游风景区，转运风车受到普遍欢迎，有着比较广阔的市场前景。

圆图钉从风车正面穿过风车后面的吸管，将风车与风车杆固定在一起。

沿虚线剪下，将"4"剪开的角用胶水粘到中心点，没有标虚线的地方不剪。

④

③

沿虚线剪下，将"3"剪开的角用胶水粘到中心点，没有标虚线的地方不剪。

风车制作平面图

⑤

将"1""2""3""4"分别粘贴好后，将剪好的"小狗"用胶水贴到中心点上。

①

沿虚线剪下，将"1"剪开的角用胶水粘到中心点，没有标虚线的地方不剪。

②

沿虚线剪下，将"2"剪开的角用胶水粘到中心点，没有标虚线的地方不剪。

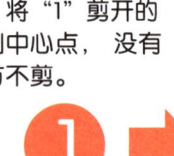

第三模块：创业技能情景游戏之 2
供给与需求动态平衡

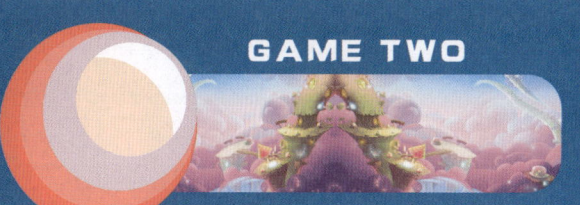
GAME TWO

选一个你喜欢的"小狗贴"，沿虚线剪下。风车做成后，贴在中心点图钉上。

以下正方形边框和对角线，沿虚线剪下，没有标虚线的地方不剪。

签字或盖章生效

将正方形沿四边虚线剪下

每小组收集30张交游戏主持人签字或盖章

（有破损或裁剪不规范等情况为无效）

游戏主持人按数量收齐每组正方形彩纸后，入库待用

第三模块：创业技能情景游戏之 2
供给与需求动态平衡

GAME TWO

 选一个你喜欢的小狗，沿虚线剪下。风车做成后，贴在中心点。

 以下正方形边框和对角线，沿虚线剪下，没有标虚线的地方不剪。

签字或盖章生效

将正方形沿四边虚线剪下

每小组收集30张交游戏主持人签字或盖章

（有破损或裁剪不规范等情况为无效）

游戏主持人按数量收齐每组正方形彩纸后，入库待用

第三模块：创业技能情景游戏之 2
供给与需求动态平衡

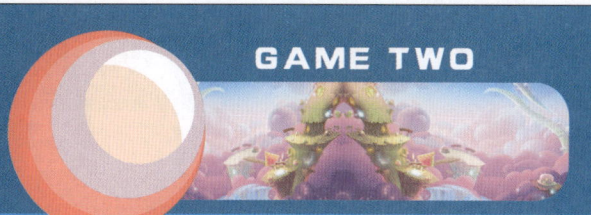
GAME TWO

选一个你喜欢的小狗，沿虚线剪下。风车做成后，贴在中心点。

以下正方形边框和对角线，沿虚线剪下，没有标虚线的地方不剪。

签字或盖章生效

将正方形沿四边虚线剪下

每小组收集30张交游戏主持人签字或盖章

（有破损或裁剪不规范等情况为无效）

游戏主持人按数量收齐每组正方形彩纸后，入库待用

第三模块：创业技能情景游戏之 2
供给与需求动态平衡

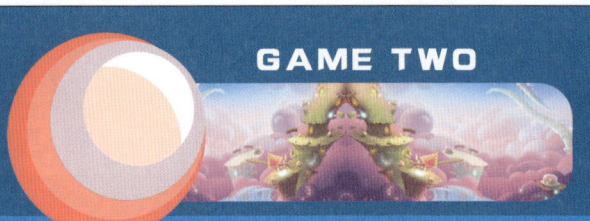

GAME TWO

 选一个你喜欢的小狗，沿虚线剪下。风车做成后，贴在中心点。

 以下正方形边框和对角线，沿虚线剪下，没有标虚线的地方不剪。

签字或盖章生效

将正方形沿四边虚线剪下

每小组收集30张交游戏主持人签字或盖章

（有破损或裁剪不规范等情况为无效）

游戏主持人按数量收齐每组正方形彩纸后，入库待用

第三模块：创业技能情景游戏之 2
供给与需求动态平衡

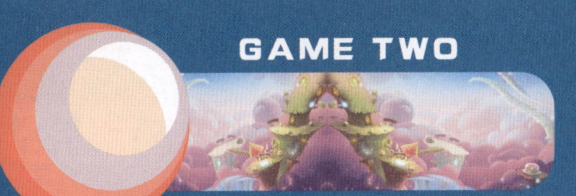
GAME TWO

选一个你喜欢的小狗，沿虚线剪下。风车做成后，贴在中心点。

以下正方形边框和对角线，沿虚线剪下，没有标虚线的地方不剪。

签字或盖章生效

将正方形沿四边虚线剪下

每小组收集30张交游戏主持人签字或盖章

（有破损或裁剪不规范等情况为无效）

游戏主持人按数量收齐每组正方形彩纸后，入库待用

第三模块：创业技能情景游戏之 2
供给与需求动态平衡

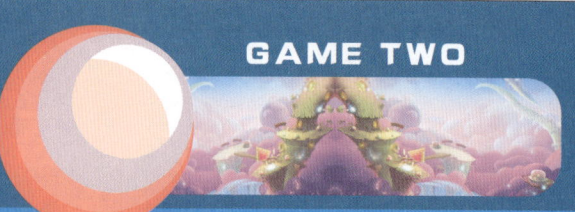

GAME TWO

选一个你喜欢的小狗，沿虚线剪下。风车做成后，贴在中心点。

以下正方形边框和对角线，沿虚线剪下，没有标虚线的地方不剪。

签字或盖章生效

将正方形沿四边虚线剪下

每小组收集30张交游戏主持人签字或盖章

（有破损或裁剪不规范等情况为无效）

游戏主持人按数量收齐每组正方形彩纸后，入库待用

第三模块：创业技能情景游戏之 2
供给与需求动态平衡

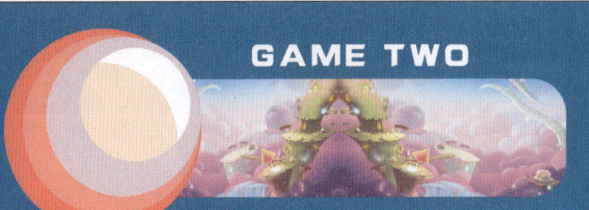
GAME TWO

选一个你喜欢的小狗，沿虚线剪下。风车做成后，贴在中心点。

以下正方形边框和对角线，沿虚线剪下，没有标虚线的地方不剪。

签字或盖章生效

将正方形沿四边虚线剪下

每小组收集30张交游戏主持人签字或盖章

（有破损或裁剪不规范等情况为无效）

游戏主持人按数量收齐每组正方形彩纸后，入库待用

第三模块：创业技能情景游戏之 2
供给与需求动态平衡

GAME TWO

选一个你喜欢的小狗，沿虚线剪下。风车做成后，贴在中心点。

以下正方形边框和对角线，沿虚线剪下，没有标虚线的地方不剪。

签字或盖章生效

将正方形沿四边虚线剪下

每小组收集30张交游戏主持人签字或盖章

（有破损或裁剪不规范等情况为无效）

游戏主持人按数量收齐每组正方形彩纸后，入库待用

第三模块：创业技能情景游戏之 2
供给与需求动态平衡

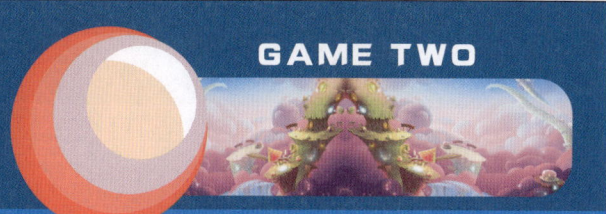

第　　组　　商

公司起名
分好组后，经小组讨论后填写：

经营宗旨
分好组后，经小组讨论后填写：

公司口号
分好组后，经小组讨论后填写：

组织架构图与角色分工
分好组后，经小组讨论后画出：

第三模块：创业技能情景游戏之 2
供给与需求动态平衡

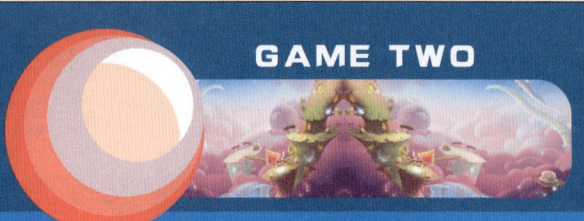
GAME TWO

设定经营目标

公司名称	产品名称	拟定月目标（拟定的计划）			实际达成的月目标（实际完成的情况）		
		数量	成本	金额	数量	成本	金额

备注

我的思考：

第三模块：创业技能情景游戏之 2
供给与需求动态平衡

GAME TWO

供给与需求动态平衡变化循环图

周一	周二	周三	周四	周五	周六	周日

制造商采购材料	制造商生产风车	制造商销售 零售商购买	回收/偿还贷款 零售商销售	零售商发布市场信息 制订调整计划与谈判	发工资	休息

第1周 ➡

操作说明
1、周一各小组采购人员找供应商（游戏主持人）采购生产原材料。
2、周二各小组按自定计划生产，掷色子选择场景（各种风险）。
3、周三各小组销售人员找渠道商（游戏主持人代）出售产品。
4、周四为借款、收款、还款日。游戏开始时向风车银行借款。
5、周五做经营、消费、存款计划。
6、周六为发工资日（必须发），也可以去风车超市购物消费。

① 游戏开始 向风车银行贷款200元，加上自有100元，共300元。	② 根据零售商发布信息制订计划与谈判。 参见本书104页	③ 本日为发工资日，企业必须发工资110元，游戏主持人代收工资。	④ 本日为休息日，所有小组成员必须趴在桌子上休息，游戏主持人可处罚任何违规行为。

第2周 ➡

⑤ 采购数量____ 采购金额____	⑥ 制造商按自定计划生产和质检	⑦ 记录： 参见本书106页	⑧ 记录： 参见本书106页	⑨ 根据零售商发布信息制订计划与谈判 参见本书104页	⑩ 发工资日，企业必须发工资110元，游戏主持人代收工资。	⑪ 休息日，所有小组成员必须趴在桌子上休息，游戏主持人可处罚任何违规行为。

第3周 ➡

⑫ 采购数量____ 采购金额____	⑬ 制造商按自定计划生产和质检	⑭ 记录： 参见本书106页	⑮ 记录： 参见本书106页	⑯ 根据零售商发布信息制订计划与谈判 参见本书105页	⑰ 发工资日，企业必须发工资110元，游戏主持人代收工资。	⑱ 休息日，所有小组成员必须趴在桌子上休息，游戏主持人可处罚任何违规行为。

第4周 ➡

⑲ 采购数量____ 采购金额____	⑳ 制造商按自定计划生产和质检	㉑ 记录： 参见本书106页	㉒ 记录： 参见本书106页	㉓ 根据零售商发布信息制订计划与谈判 参见本书105页	㉔ 发工资日，企业必须发工资110元，游戏主持人代收工资。	㉕ 休息日，所有小组成员必须趴在桌子上休息，游戏主持人可处罚任何违规行为。

第5周 ➡

㉖ 采购数量____ 采购金额____	㉗ 按计划生产和质检 交房租100元 （游戏主持人代收）	㉘ 记录： 参见本书106页	㉙ 各小组向风车银行支付贷款和利息共250元 （200本金+25%利息）	㉚ 游戏结束 （经营结算和总结）	 周一到周六，每个游戏时间为2-5分钟，周日休息时间为20秒，具体时间由游戏主持人设定。 数量总计：____架；金额：____元

第三模块：创业技能情景游戏之 2
供给与需求动态平衡

GAME TWO

风车小镇

风车小镇居民每月17日（第三周）发工资，这意味着小镇居民在第三周钱比较多，在第四周也有购买力，而在发薪之前的一周（第二周）购买力最弱，对风车的需求量最低。

供给与需求预测

第二周供给与需求影响风车市场价格波动状况

零售商发布市场信息

价格（元）＼数量（架）	1	2	3	4	5	6
单价（元/架）	140	140	138	136	134	132

价格（元）＼数量（架）	7	8	9	10	11	12
单价（元/架）	130	127	124	121	118	115

价格（元）＼数量（架）	13	14	15	16	17	18及以上
单价（元/架）	111	107	103	99	94	89

第一周周五发布
第二周市场信息

交易记录

第三周供给与需求影响风车市场价格波动状况

零售商发布市场信息

价格（元）＼数量（架）	1	2	3	4	5	6
单价（元/架）	138	136	134	132	130	127

价格（元）＼数量（架）	7	8	9	10	11	12
单价（元/架）	124	121	118	115	111	107

价格（元）＼数量（架）	13	14	15	16	17	18及以上
单价（元/架）	103	99	94	89	82	80

第二周周五发布
第三周市场信息

交易记录

第三模块：创业技能情景游戏之 2
供给与需求动态平衡

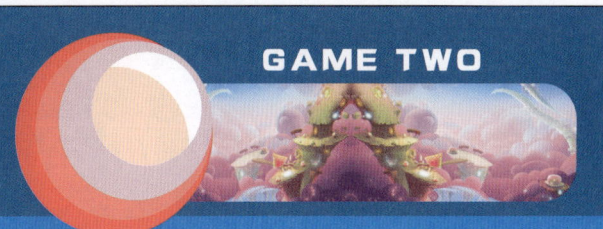

GAME TWO

风车小镇

风车小镇居民每月17日（第三周）发工资，这意味着小镇居民在第三周钱比较多，在第四周也有购买力，而在发薪之前的一周（第二周）购买力最弱，对风车的需求量最低。

供给与需求预测

第四周供给与需求影响风车市场价格波动状况

零售商发布市场信息

价格（元） \ 数量（架）	1	2	3	4	5	6
单价（元/架）	140	140	140	140	140	140

价格（元） \ 数量（架）	7	8	9	10	11	12
单价（元/架）	138	136	134	132	130	127

价格（元） \ 数量（架）	13	14	15	16	17	18及以上
单价（元/架）	124	121	118	115	111	107

第三周周五发布第四周市场信息

交易记录

第五周供给与需求影响风车市场价格波动状况

零售商发布市场信息

价格（元） \ 数量（架）	1	2	3	4	5	6
单价（元/架）	140	140	140	140	138	136

价格（元） \ 数量（架）	7	8	9	10	11	12
单价（元/架）	134	132	130	127	124	121

价格（元） \ 数量（架）	13	14	15	16	17	18及以上
单价（元/架）	118	115	111	107	103	99

第四周周五发布第五周市场信息

交易记录

第三模块：创业技能情景游戏之 2
供给与需求动态平衡

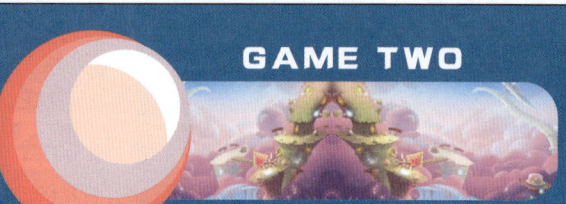

GAME TWO

风车销售渠道

官方渠道（游戏主持人代）
限购3架风车，每架80元，检测合格按时付钱。

零售商渠道（发布市场信息，按市场价收购，见本书第104、105页）

双方或多方可以到游戏场地的谈判桌进行谈判，游戏主持人限定和把握谈判时间。

赊销市场渠道
（游戏主持人代）

不签购销合同，后果自负　　自备纸张，自拟合同

制造商　　零售商

合同争议裁判方
（游戏主持人代）

风车可以赊欠的方式卖给赊销市场

1 月底还回一半货款
2 月底还回全部货款
3 月底还回全部货款再加30元利息
4 本周四还全部货款
5 本周四还一半货款
6 不还了

每架风车90元，不限量收购

赊销的货款会还吗？

投掷色子，不同的数字对应圆盘上相关内容

游戏主持人或游戏助理扮演赊销市场收购方

第三模块：创业技能情景游戏之 2
供给与需求动态平衡

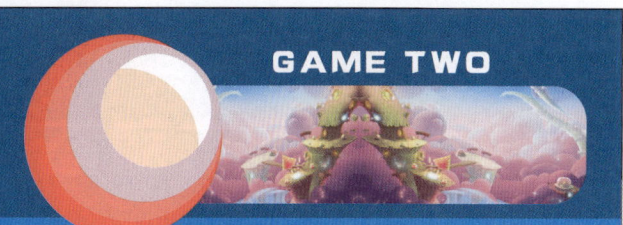

供给与需求动态平衡游戏记账表

年		摘要	凭证号	现金			银行存款			销售收入	成本		
月	日			流入	流出	结余	存入	取出	结余		材料成本	人工成本	其他费用
合计													

供给与需求动态平衡游戏记账表使用示例

2022年		摘要	凭证号	现金			银行存款			销售收入	成本		
月	日			流入	流出	结余	存入	取出	结余		材料成本	人工成本	其他费用
11	1	从银行贷款200		200		200			100				
11	1	取银行存款100		100		300		100	0				
11	3	开工资			110	190						110	
11	3	储蓄			30	160	30		30				
11	5	采购原材料			160	0					160		
11	7	销售风车		240		240				240			
11	7	销售风车		80		320				80			
合计				620	300	320	30	100	30	320	160	110	

第三模块：创业技能情景游戏之 2
供给与需求动态平衡

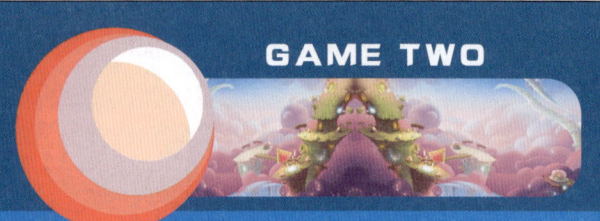
GAME TWO

小组总结

关于销售方面的总结：
1.实际销售和计划销售相比差距有多大？为什么会产生这样的差异？

2.你所在小组在销售过程中做了哪些决策？这些决策产生的实际效果如何？

制造商小组的总结：
1.市场上存在哪些机会？这些机会被充分利用了吗？请举出实例。

2.有没有与制造商和零售商合作？效果如何？为什么？

零售商小组的总结：
1.面对波动的市场需求，零售商采用了哪些市场营销策略？

2.有没有与制造商合作？效果如何？为什么？

关于成本核算和记账情况：
1.你所在小组做定价策略时有没有进行成本核算？如何做的？

2.你所在小组有没有进行准确的记账？记账对你们的经营有哪些帮助？

其他思考：

1.明确的职责分工和团队合作精神对提升企业经营业绩有哪些帮助？

2.举例阐述：企业带头人重要还是团队分工合作重要？

第三模块：创业技能情景游戏之 2
供给与需求动态平衡

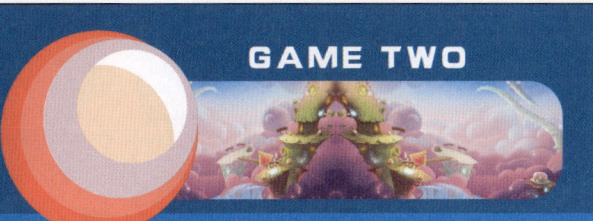

GAME TWO

供给与需求动态平衡游戏
意见反馈表

团队_____　姓名_____

年　月　日

我喜欢的环节和内容：

我不喜欢的环节和内容：

我不理解的环节和内容：

我学到的最重要的环节和内容：　　　　　我对本次游戏课程的建议：

"十三五"职业教育国家规划教材

以成果为导向的情景式可视化创新创业训练系统

第四模块：
创新创业项目计划书

项目名称

《创新创业项目计划书》由十二个版块构成，请将每个问题书面回答完整，并将问句用陈述句替换即可。

创新创业项目计划书
（4学时）

创新创业课程资源库

案例 ● 教案 ● 音视频 ● PPT课件 ● 电子教材
策划方案 ● 课程思政资料和图片 ● 创业计划书

扫描二维码，学习二十大主要精神

第四模块：创业技能训练之
创新创业项目计划书

目标设定

1 将要进入或已经进入的行业是 _____
要在行业里达成的目标是 _____，计划用____年达成。

2 产品（或服务）实现的目标：

公司形态：
创建时间：
创 建 人：

产品（或服务）特色描述：

3 用相关数据描述行业和产品生命周期（处于萌芽、成长、成熟还是衰退阶段）：
　　1. 行业生命周期　　　　　　　● 2. 产品生命周期

4 目标用户描述（已有、潜在、重点）

5 目标用户对产品（或服务）的看法

第四模块：创业技能训练之
创新创业项目计划书

问题

1 产品（或服务）解决什么问题？（痛点）

2 产品（或服务）解决的是大问题（强痛点）、中问题（中痛点）还是小问题（弱痛点）？

3 公司、团队和项目存在哪些问题？解决的对策是什么？

第四模块：创业技能训练之
创新创业项目计划书

解决问题方案 　　　 **尖叫点**
（解决问题方案）

1 产品（或服务）如何做到让目标用户觉得"值得"？

2 产品（或服务）如何做到让目标用户觉得"好用"？

3 产品（或服务）如何做到让目标用户觉得"好玩"？

4 用一句话描述解决这些问题的方案。

第四模块：创业技能训练之
创新创业项目计划书

时 机 — 进入时机评估及应对策略

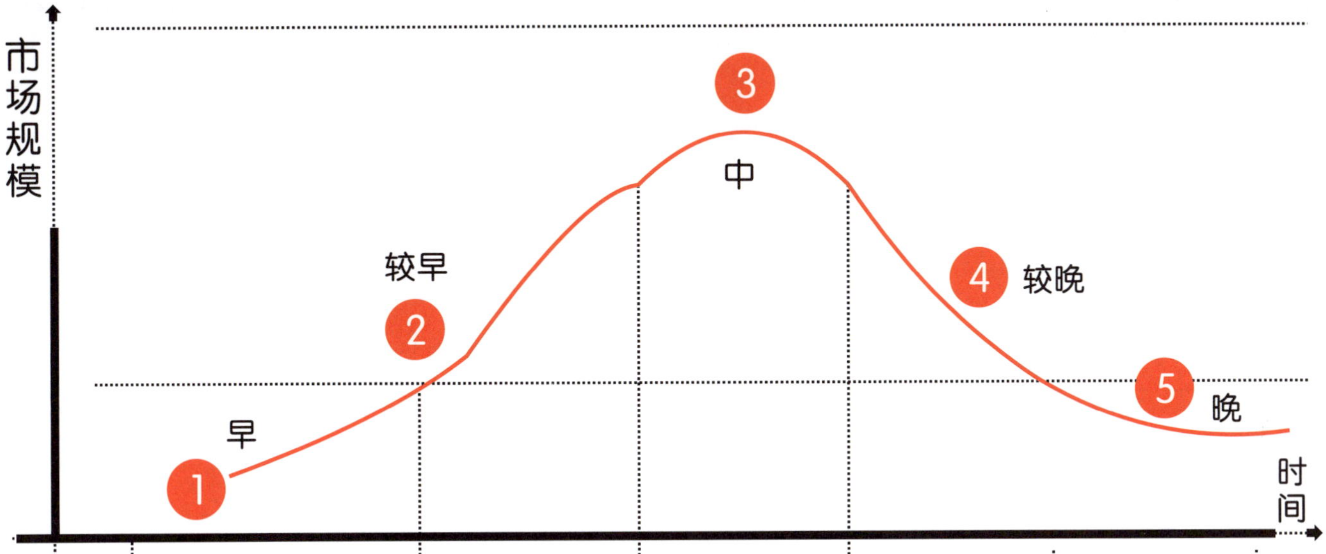

市场规模

1 早
2 较早
3 中
4 较晚
5 晚

时间

市场目标

市场运营

市场重点

第四模块：创业技能训练之
创新创业项目计划书

市场份额

1 市场现状综述

2 市场预测

3 本企业或产品的市场地位与市场份额

4 本行业发展程度评估与发展动态预测

第四模块：创业技能训练之
创新创业项目计划书

竞争情况　　　　　　　　本行业龙头老大是：_____

1 产品（或服务）的主要竞争对手有哪些？请对前三位竞争对手进行重点阐述。

2 产品（或服务）与竞争对手相比有哪些差异？如果是同质化程度高的竞争，请制定针对性的胜出策略。

3 能从竞争对手那里学到什么？如何做得比竞争对手更好？

第四模块：创业技能训练之 创新创业项目计划书

产　品

1 产品（或服务）品类结构和产品体系主要内容

2 成本分析与定价（根据需要自建表格进行描述）

3 产品实物照片或产品设计效果图

第四模块：创业技能训练之
创新创业项目计划书

商业模式

1 利益相关者交易结构解析

2 接触点服务解析

3 商业模型解析

1. 定位	2. 业务系统
3. 关键资源能力	4. 赢利模式
5. 现金流结构	

119

第四模块：创业技能训练之 创新创业项目计划书

资本结构

1 资金筹集和使用情况

2 融资方式

3 融资前后的资本使用表

第四模块：创业技能训练之
创新创业项目计划书

团队结构

1 创始核心团队成员特长介绍

2 团队组织结构及重要成员职务与分工

3 创始团队成员股份比例

第四模块：创业技能训练之 创新创业项目计划书

收入构成

1 收入来源（自建图表解析收入构成）

2 自建表格预测一个财务年度（12个月）的收入状况

第四模块：创业技能训练之
创新创业项目计划书

财务分析

1 主要财务报表分析与预测（现金流量表、经营损益表）（自建表格填写）

2 投资的退出方式设计

创业型大学在成长

广东岭南职业技术学院创业实训基地之**后街**

广东岭南职业技术学院2013年4月与广东卓启投资有限责任公司联合创建了岭南创业管理学院，前瞻性地建立了"学院+公司+基金"三位一体的战略合作关系，致力于培养实战型创业人才和创新型就业精英。广东岭南职业技术学院的中小企业创业与经营专业面向全国统招并享有自主招生资格，自2013年9月至今，已培养毕业生上千人。广东岭南职业技术学院也是国内将学生创业教学、创业项目实训、创业项目孵化园和老师创业项目结合起来并率先落地的创业型大学之一。学校专门成立了创新创业教育中心，开设的"创新创业通识"课程为全校公共必修课，覆盖了广东岭南职业技术学院所有二级学院，如管理工程学院、财贸经济学院、药学院、护理与健康学院、外语与国际发展学院、智能制造学院、艺术与传媒学院、信息工程学院等，现有超过5000名学生对该课程进行了创新性地系统学习。

2014年11月，广东岭南职业技术学院创业管理学院与广东卓启投资有限公司在广州市职业能力培训指导中心的指导下，组织SYB师资对广东岭南职业技术学院1000多名大三学生进行了系统的SYB培训，考试合格率达到90%以上。从2013年10月开始，广东岭南职业技术学院每年都要对创业管理学院和其他学院有创业意向的学生进行创业培训，并不断扩大SYB师资队伍，广东岭南职业技术学院具备SYB培训师资格的老师已有40多名。经过几年大学生创业教育和SYB培训，我们越来越感受到：在人工智能、大数据、云计算和区块链形成热潮的今天，必须开发一系列的有中国新时代特点的情景式、可视化创业教材，以适应当今大学生创新创业的教育和培训需要，《创业技能训练》教材就是创新创业训练丛书中的一部。《创业技能训练》教材是广东岭南职业技术学院中小企业创业与经营专业全体老师数年来创业教育实践的结晶，更在呈现方式、互动效果、实践与传承等方面取得了令人可喜的成果。

创业通识教学

创业技能训练

创新创业实训

创业项目孵化

在创业技能训练教学实践探索过程中得到广东岭南职业技术学院教务处翟树芹处长、原创业管理学院张锦喜院长、管理工程学院牛玉清院长的指导和中小企业创业与经营专业教研室老师们的帮助，在此向他们表示衷心感谢！

在《创业技能训练》撰写和设计的过程中得到肖自美教授、陈志娟教授、梁铭津女士、倪作沛先生的关心和支持，在此表示深深感谢！与此同时，对南京大学出版社编辑老师在此书出版过程中的辛勤付出表示衷心的感谢！